Die Eltern wissen nicht was sie ihren Kindern immer wieder
antun. Von einer Generation zur anderen. Wieviel Erde
brauchen unsere Kinder, Enkelkinder und Tiere?
Ich klage an.

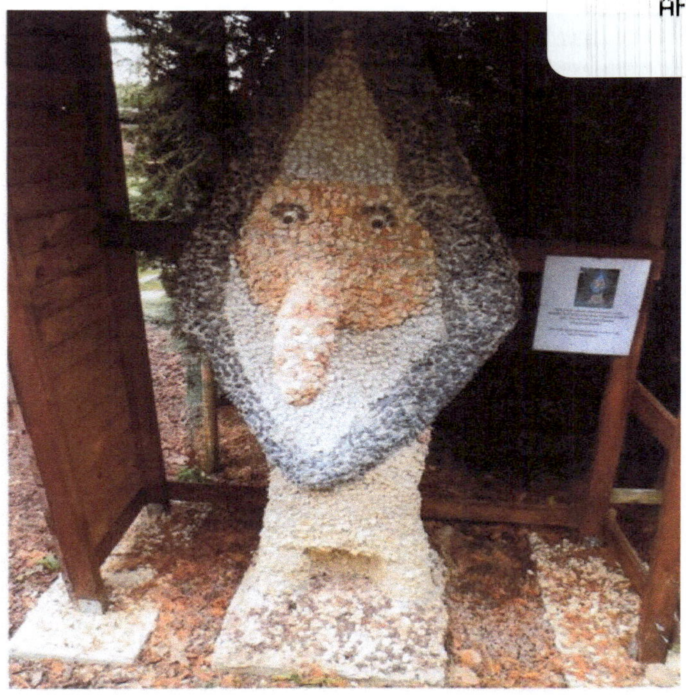

*Ich frage mich manchmal: was mache ich hier auf dem Planet
Erde? Wie bin ich da überhaupt hingekommen?
Der einzige Schmerz im Leben ist, dass man lebt.
Der Mensch, das seltsame Wesen.*

Die Eltern wissen nicht was sie ihren Kindern immer wieder antun. Von einer Generation zur anderen. Wieviel Erde brauchen unsere Kinder, Enkelkinder und Tiere?
Ich klage an.

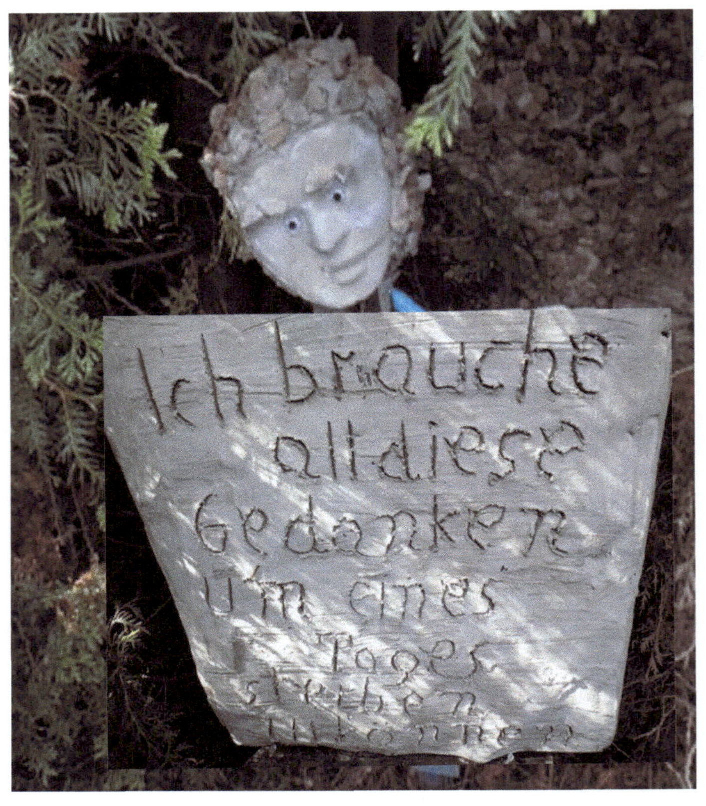

Ich brauche all diese Gedanken um eines Tages sterben zu können.

Die Eltern wissen nicht was sie ihren Kindern immer wieder
antun. Von einer Generation zur anderen. Wieviel Erde
brauchen unsere Kinder, Enkelkinder und Tiere?
Ich klage an.

Die Entstehung.

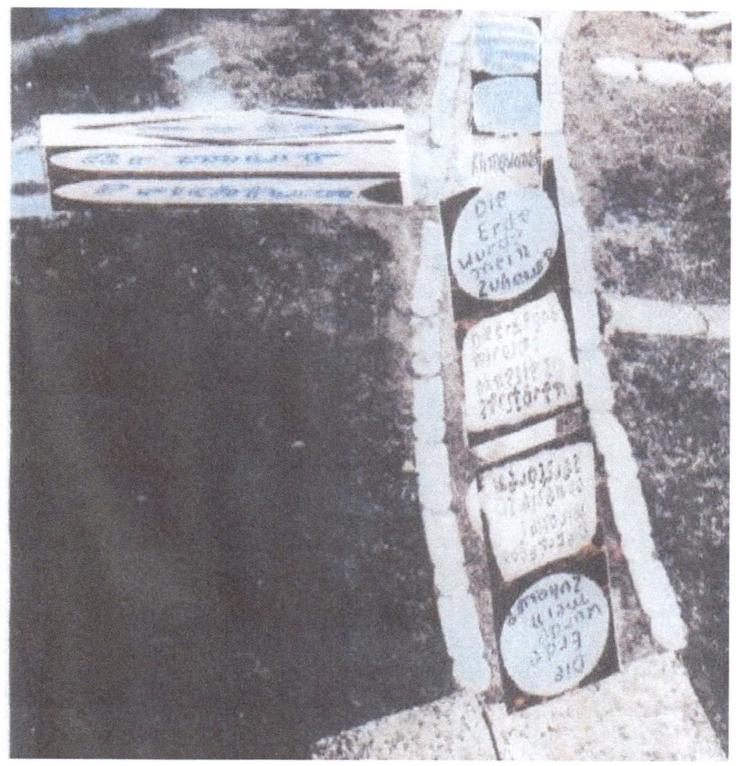

Die Eltern wissen nicht was sie ihren Kindern immer wieder
antun. Von einer Generation zur anderen. Wieviel Erde
brauchen unsere Kinder, Enkelkinder und Tiere?
Ich klage an.

Die Eltern wissen nicht was sie ihren Kindern immer wieder antun. Von einer Generation zur anderen. Wieviel Erde brauchen unsere Kinder, Enkelkinder und Tiere?
Ich klage an.

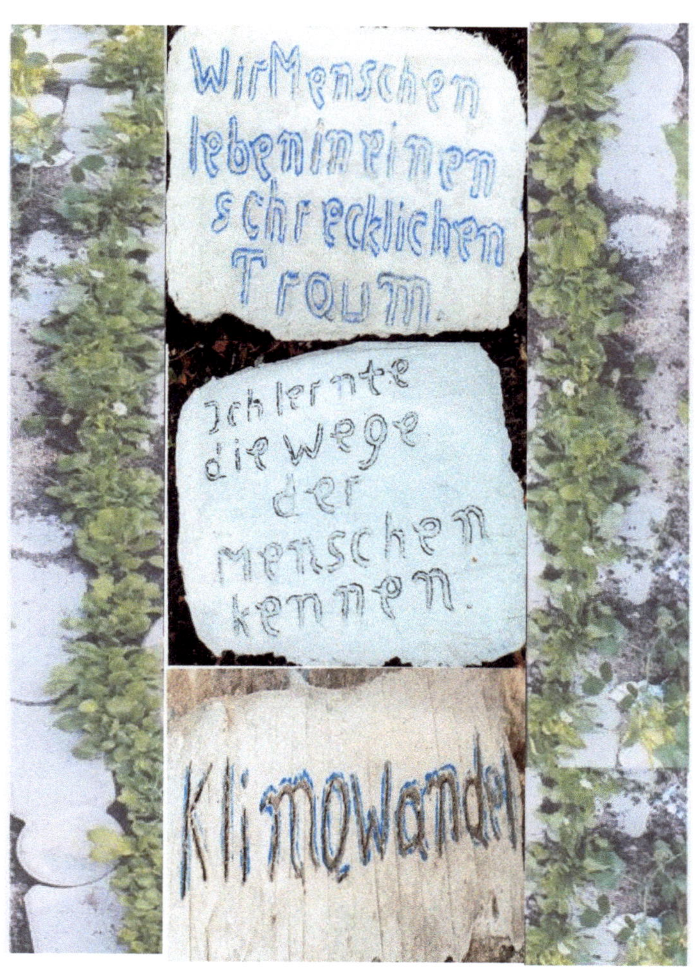

Die Eltern wissen nicht was sie ihren Kindern immer wieder
antun. Von einer Generation zur anderen. Wieviel Erde
brauchen unsere Kinder, Enkelkinder und Tiere?
Ich klage an.

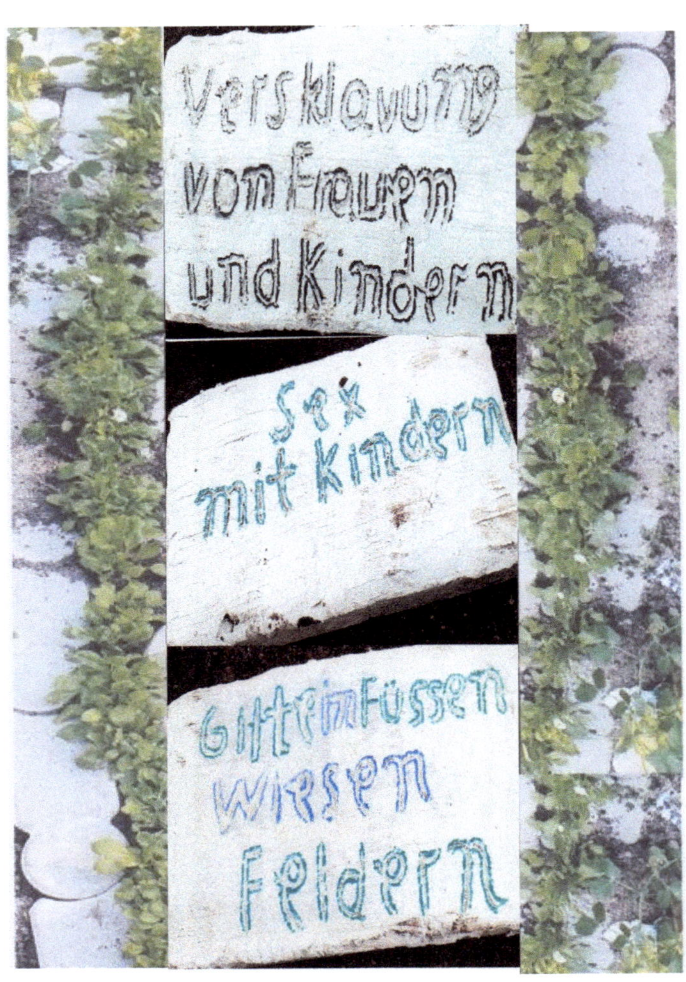

Die Eltern wissen nicht was sie ihren Kindern immer wieder
antun. Von einer Generation zur anderen. Wieviel Erde
brauchen unsere Kinder, Enkelkinder und Tiere?
Ich klage an.

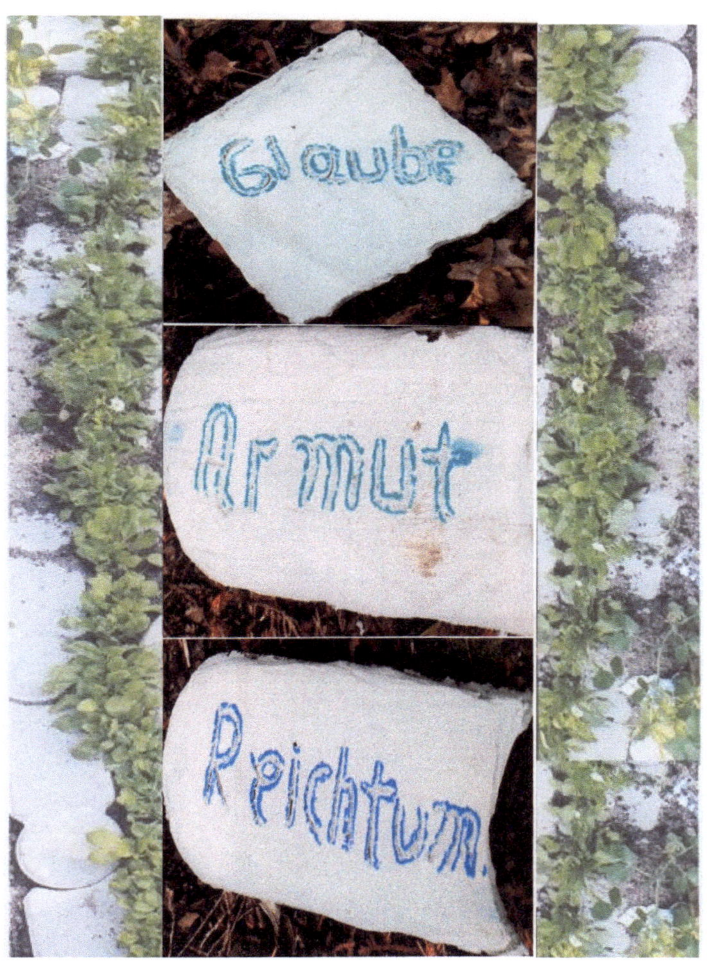

Die Eltern wissen nicht was sie ihren Kindern immer wieder
antun. Von einer Generation zur anderen. Wieviel Erde
brauchen unsere Kinder, Enkelkinder und Tiere?
Ich klage an.

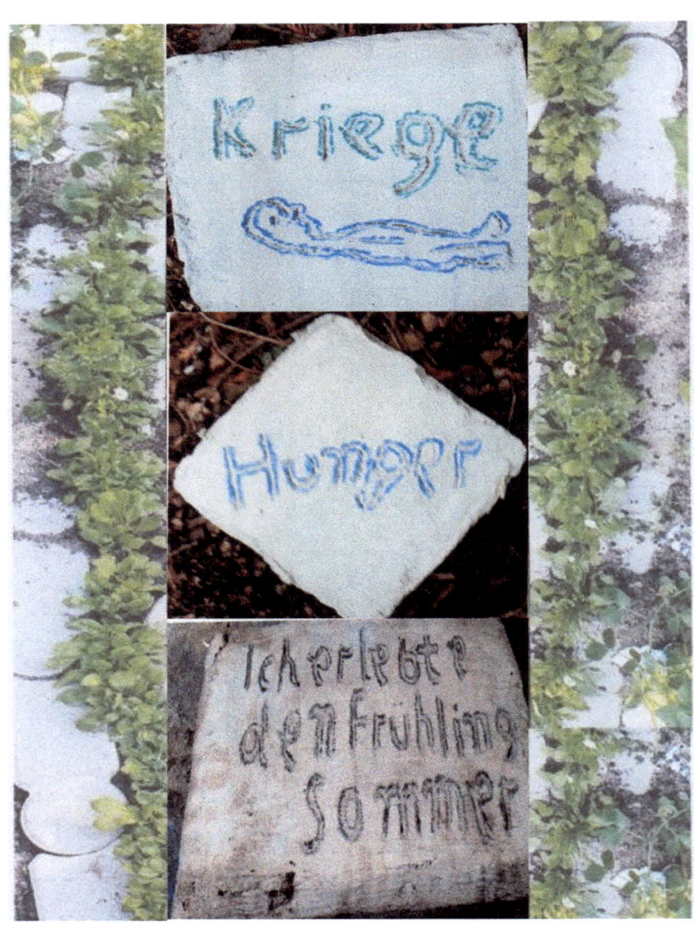

Die Eltern wissen nicht was sie ihren Kindern immer wieder antun. Von einer Generation zur anderen. Wieviel Erde brauchen unsere Kinder, Enkelkinder und Tiere?
Ich klage an.

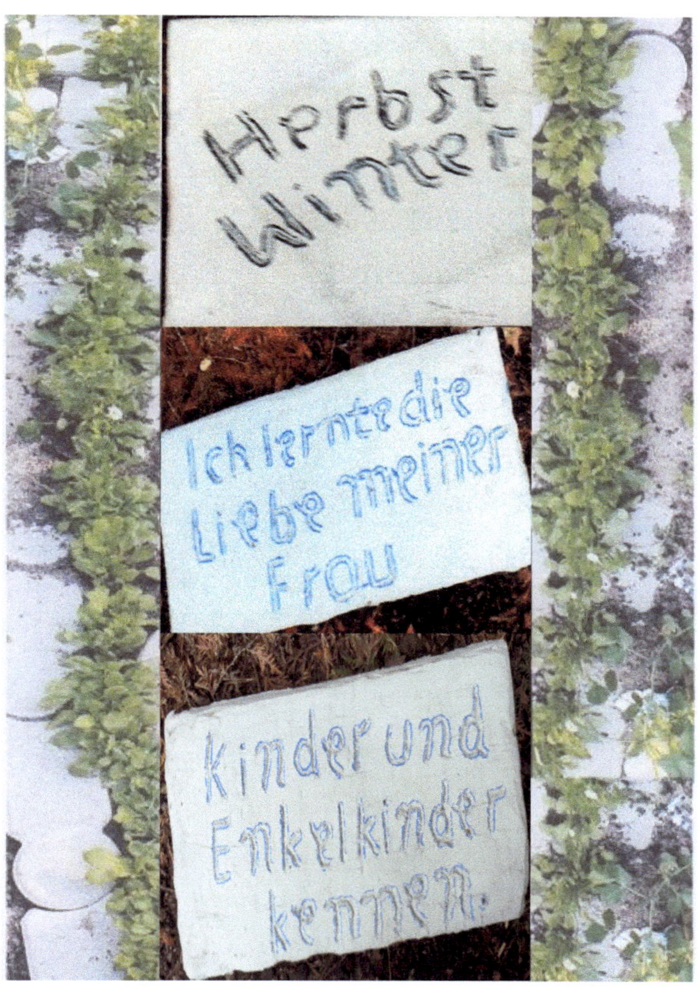

Die Eltern wissen nicht was sie ihren Kindern immer wieder
antun. Von einer Generation zur anderen. Wieviel Erde
brauchen unsere Kinder, Enkelkinder und Tiere?
Ich klage an.

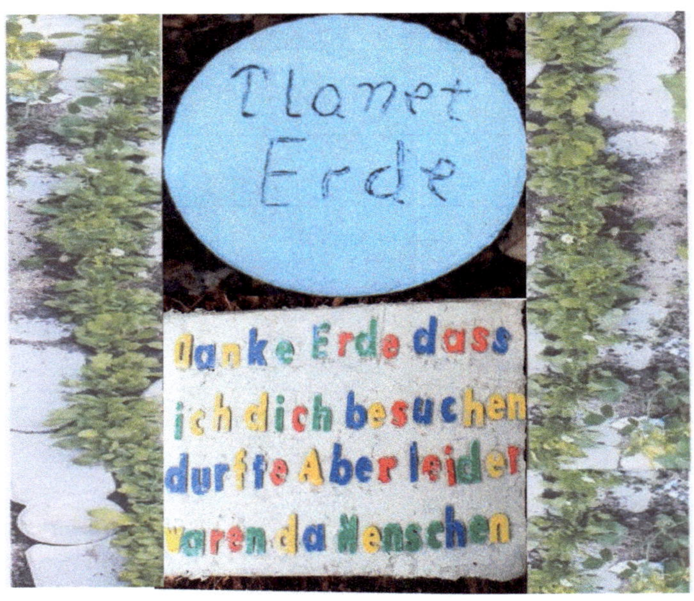

Danke Erde dass ich dich besuchen durfte.
Aber leider waren da Menschen.

Die Eltern wissen nicht was sie ihren Kindern immer wieder
antun. Von einer Generation zur anderen. Wieviel Erde
brauchen unsere Kinder, Enkelkinder und Tiere?
Ich klage an.

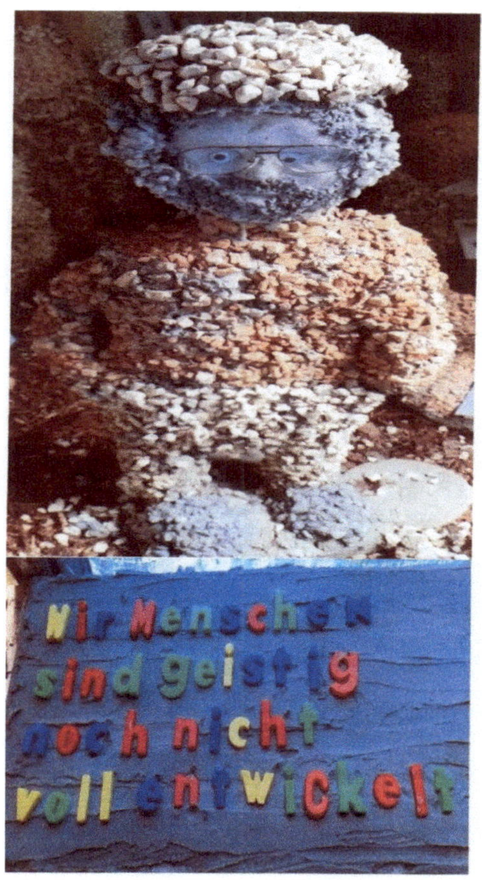

Wir Menschen sind geistig noch nicht voll entwickelt.

Die Eltern wissen nicht was sie ihren Kindern immer wieder
antun. Von einer Generation zur anderen. Wieviel Erde
brauchen unsere Kinder, Enkelkinder und Tiere?
Ich klage an.

Der Mensch, das seltsame Wesen.
Da ich weiß wie vergesslich die Menschen sind, habe ich zur
Erinnerung einem kleinen Park und einem Tempel unter der
Erde gebaut. Um die Menschen immer wieder zu erinnern, was
sie für ein sinnloses Leben führen.

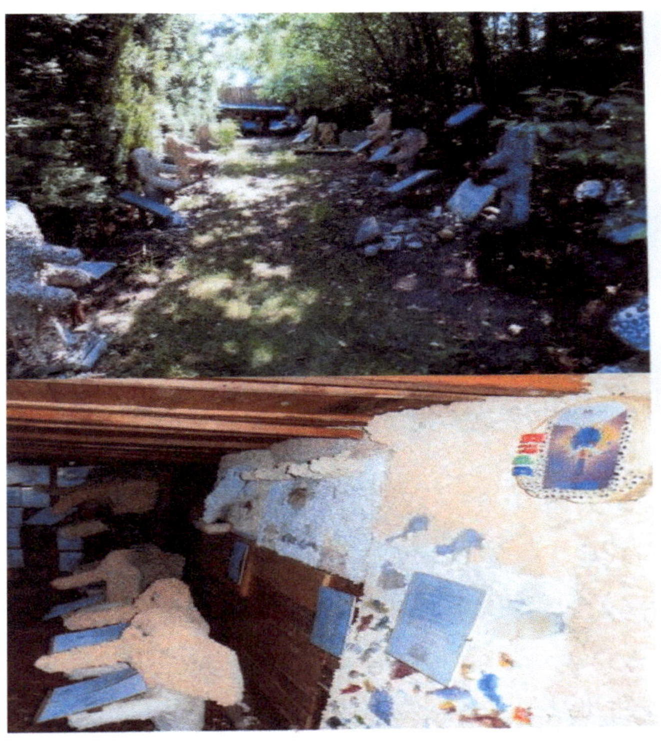

Die Eltern wissen nicht was sie ihren Kindern immer wieder
antun. Von einer Generation zur anderen. Wieviel Erde
brauchen unsere Kinder, Enkelkinder und Tiere?
Ich klage an.

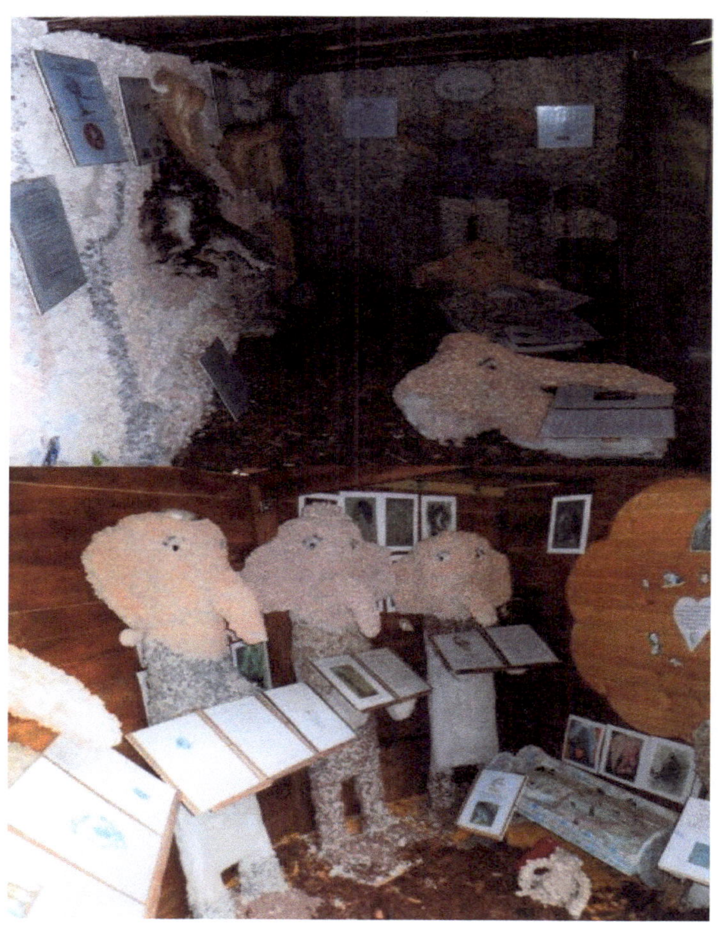

Die Eltern wissen nicht was sie ihren Kindern immer wieder
antun. Von einer Generation zur anderen. Wieviel Erde
brauchen unsere Kinder, Enkelkinder und Tiere?
Ich klage an.

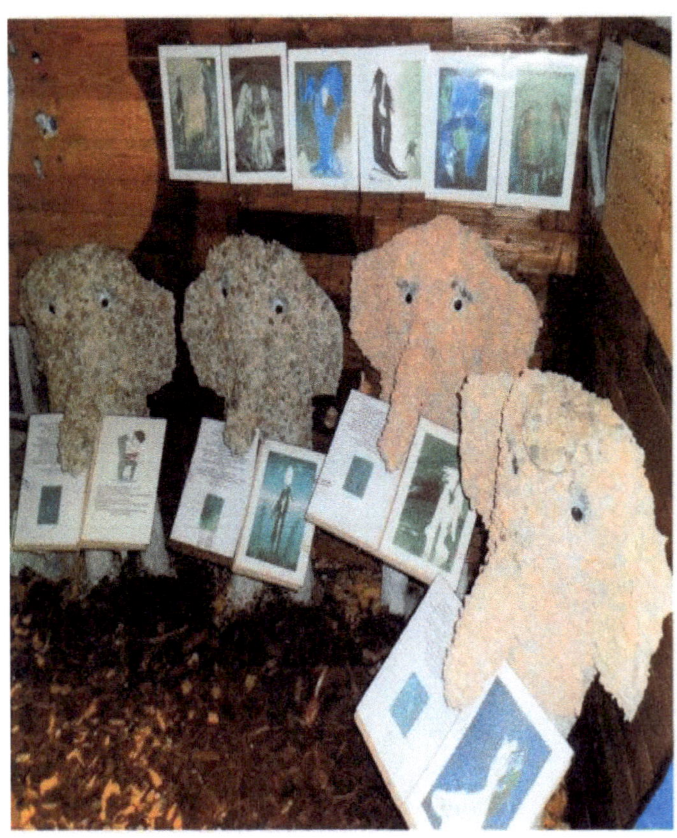

Die Eltern wissen nicht was sie ihren Kindern immer wieder
antun. Von einer Generation zur anderen. Wieviel Erde
brauchen unsere Kinder, Enkelkinder und Tiere?
Ich klage an.

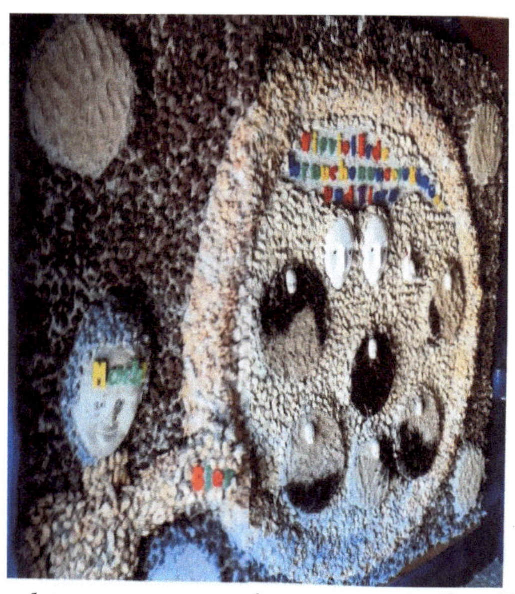

 *Nur Eltern können etwas ändern, wenn sie ihre Kinder lieben.
Ja, wir Menschen sind geistig noch sehr unterentwickelt, also
dumm!*
*Wir vernichten unseren Planet Erde, er ist unser Zuhause. So
etwas macht kein intelligentes Wessen. Wann begreifen wir
Menschen, dass wir auf diesem Planet Erde alle eine große
Familie sind und zusammen gehören?*
*Macht und Gier macht uns Menschen böse! Wir haben nur
einen Planet Erde! Aber viele Länder. Wir sind uns alle fremd,
aber wir sind Menschen mit den gleichen Problemen. Was*

Die Eltern wissen nicht was sie ihren Kindern immer wieder
antun. Von einer Generation zur anderen. Wieviel Erde
brauchen unsere Kinder, Enkelkinder und Tiere?
Ich klage an.

*aber wir sind Menschen mit den gleichen Problemen. Was
machen wir mit unserem Leben?
Es ist manchmal eine lange Zeit, unser Leben zu leben und es
ist sehr langweilig. Deshalb verbringen wir unsere Zeit mit
Kriegen, Macht, Gier, Hass, Fernsehen, Theater, Liebe,
Familie, Arbeit, Armut, Reichtum u.s.w.
Bis wir endlich befreit werden durch den Tod. Aber was ist das
richtige Leben? Das richtige Leben ist, wenn wir alle in
Frieden leben und eine große Familie werden, wo einer dem
anderen hilft.
Wir müssen endlich damit anfangen.
Unser Gehirn ist lernfähig.
Unsere Kinder werden uns das danken.*

Die Eltern wissen nicht was sie ihren Kindern immer wieder
antun. Von einer Generation zur anderen. Wieviel Erde
brauchen unsere Kinder, Enkelkinder und Tiere?
Ich klage an.

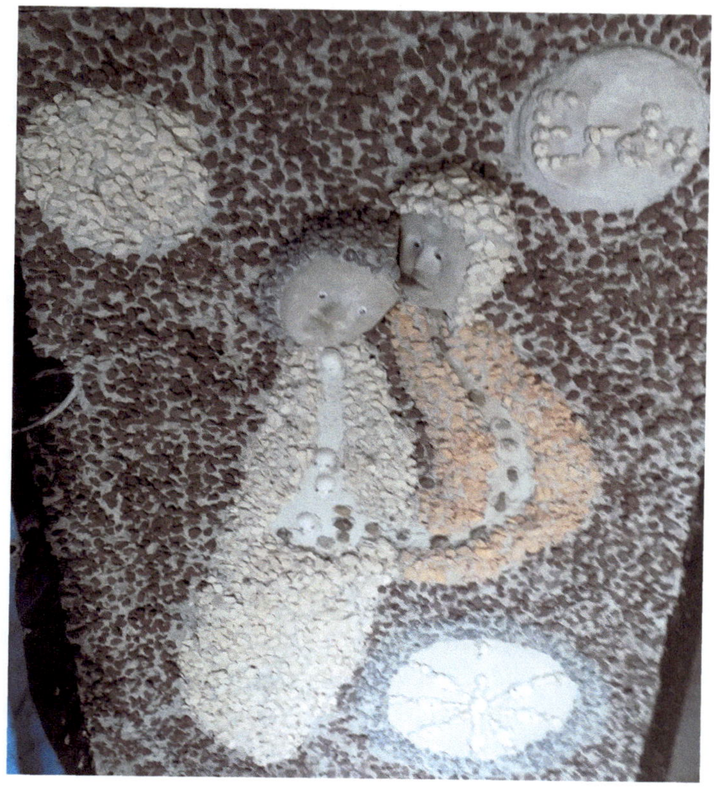

Es fängt schon bei der Arbeit an.
Beispiel: Ich stelle ein kleines Teil für ein Produkt her. Zum
fertigstellen des Teiles sind 1000 Personen beschäftigt. Aber
sie bekommen unterschiedlichen Lohn. Da werden Menschen
ausgebeutet, weil sie weniger Lohn bekommen. Wenn nur eine

Die Eltern wissen nicht was sie ihren Kindern immer wieder antun. Von einer Generation zur anderen. Wieviel Erde brauchen unsere Kinder, Enkelkinder und Tiere?
Ich klage an.

Person ein Teil nicht fertig stellt, dreht sich das Rad nicht mehr. Also muss jeder Menschen den gleichen Lohn bekommen. Weil jede Arbeit wichtig ist! Beispiel: Wir gehen einkaufen: der die Waren im Regal einsortiert oder der an der Kasse sitzt. Wenn der weniger verdient als ich, beute ich ihn aus. Wenn ich Lotto oder andere Spiele mache, will ich ja gewinnen, also beute ich den aus der verliert. Überall erhebt der Staat Mehrwertsteuer. Auf Lebensmittel die ich zum leben brauche. Mit was für einem Recht? Ohne Lebensmittel kann ich nicht leben. Das ist ungerecht. Die Menschen, die mehr verdienen, beuten mich schon wieder aus, weil sie schon wieder mehr haben als ich. Aber ohne mich würde das Rad nicht laufen. Sag mal, warum können wir wo wir doch ein Rad (Team) sind nicht das gleiche verdienen? Hat nicht jeder Mensch die gleichen Rechte? Was soll der Reichtum? Man braucht doch nur so viel wie man zum leben braucht, oder? Wir stellen Produkte her die wir nicht zum leben brauchen. Wir vermüllen dadurch den ganzen Planet Erde. Warum stellen wir nicht nur Ware her die wir zum leben brauchen? Warum müssen wir Menschen so viel arbeiten? Für was? Ich glaube um Müll herzustellen. Wir Menschen müssen uns nicht beschäftigen. Jeder lebt nur einmal. Es werden noch viele Krankheiten auf uns Menschen zukommen durch die Erderwärmung. Das sollten wir alle ernst nehmen, wenn wir unsere Kinder lieben und ihnen eine Zukunft geben wollen. Also, wir sollten alle ein vernünftiges Leben leben, so dass alle leben können. Das wäre Leben! Ich glaube, dafür gibt es noch

Die Eltern wissen nicht was sie ihren Kindern immer wieder
antun. Von einer Generation zur anderen. Wieviel Erde
brauchen unsere Kinder, Enkelkinder und Tiere?
Ich klage an.

*keine Generation. Also fressen und beuten wir uns weiter aus,
weil es so schön ist. In der Hoffnung, dass eines Tages unsere
Gehirne begreifen, das wir Menschen alle Menschen sind. Ich
glaube, viele Menschen werden das nicht verstehen was ich
geschrieben habe.*
Aber vielleicht mal ihre Nachkommen.

Die Eltern wissen nicht was sie ihren Kindern immer wieder
antun. Von einer Generation zur anderen. Wieviel Erde
brauchen unsere Kinder, Enkelkinder und Tiere?
Ich klage an.

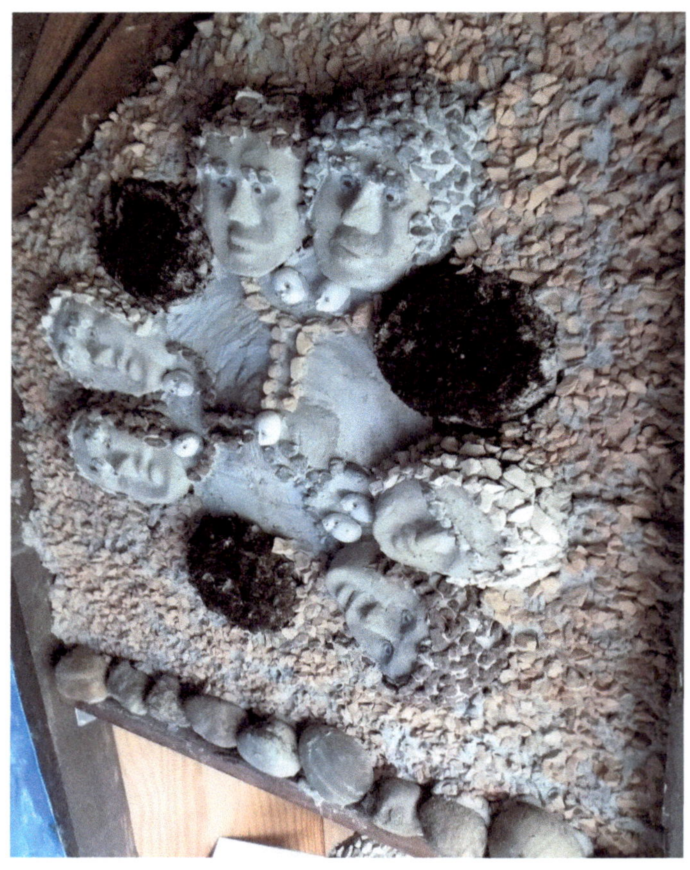

*Eltern auf diesem Planet Erde könnten alles ändern, wenn sie
ihre Kinder lieben und ihnen eine sichere Zukunft geben
wollen.*

Die Eltern wissen nicht was sie ihren Kindern immer wieder
antun. Von einer Generation zur anderen. Wieviel Erde
brauchen unsere Kinder, Enkelkinder und Tiere?
Ich klage an.

Sie haben die Macht.
Aber Welten trennen sie.
Jeder ist für sich, sie öffnen keinen Weg, so dass alle ihre
Kinder eine sichere Zukunft haben.
Ja sie tragen ihre alten Gedanken weiter an ihre Kinder.
Die meisten Eltern wollen das alte System weiter behalten.
Weil es so bequemer ist.
Heute wählen viele Eltern eine Partei, weil sie hoffen, dadurch
Vorteile zu haben.
Es soll ihnen ja besser gehen als anderen Eltern.
Wir haben heute schon sechs Parteien und wieviele Parteien
sollen noch kommen?
Um uns noch mehr voneinander zu trennen?
Es gibt Menschen die haben zwei Staatsbürgerschaften. Sie
dürfen zwei mal wählen.
Einmal, da wo sie leben und einmal, da wo sie geboren sind.
Sie drücken ihre politische Meinung den Menschen auf, wo sie
nicht mehr leben und wohnen.
Das nennt man Integration!
Integration bedeutet für mich, dass Kulturen zusammen
wachsen da wo sie wohnen,
so dass wir miteinander und voneinander lernen.
Unser Aussehen und die Sprache ist Natur bedingt von diesem
Land indem wir gelebt haben.
Es ist doch schön wenn wir alle eine Familie werden mit einer
Sprache.
So geben wir unseren Kindern eine glückliche Zukunft.

Die Eltern wissen nicht was sie ihren Kindern immer wieder
antun. Von einer Generation zur anderen. Wieviel Erde
brauchen unsere Kinder, Enkelkinder und Tiere?
Ich klage an.

Warum verstehen das so viele Menschen nicht?
Wir brauchen heute keine Politiker mehr, sondern nur Vertreter
die jeder Zeit auswechselbar sind.
Über jeder Veränderung müssen alle Menschen abgestimmt.
Diese Technik müssen alle Menschen Zuhause haben.
Ab einem bestimmten Alter darf gewählt werden und ab einem
bestimmten Alter darf nicht mehr gewählt werden.
Ältere Menschen wollen ja nichts mehr ändern.
Das ist keine Entmündigung der älteren Menschen.
Sie sollen sich in ihrem Alter verwöhnen lassen.
So haben ihre Kinder die Chance ihr politisches Leben selber
umzugestalten.
Ich weiß, viele Menschen wollen das nicht.
Unsere Vergangenheit war grausam und steinig, aber
zusammen können wir diese Steine zur Seite räumen.
Wir müssen endlich begreifen, dass alle Menschen auf dem
Planet Erde zusammen gehören.
Aber wer zeigt uns den Weg dass wir alle zusammen gehören?
Vielleicht erfinden wir eines Tages einen Roboter der uns den
Weg zeigt.

Die Eltern wissen nicht was sie ihren Kindern immer wieder antun. Von einer Generation zur anderen. Wieviel Erde brauchen unsere Kinder, Enkelkinder und Tiere?
Ich klage an.

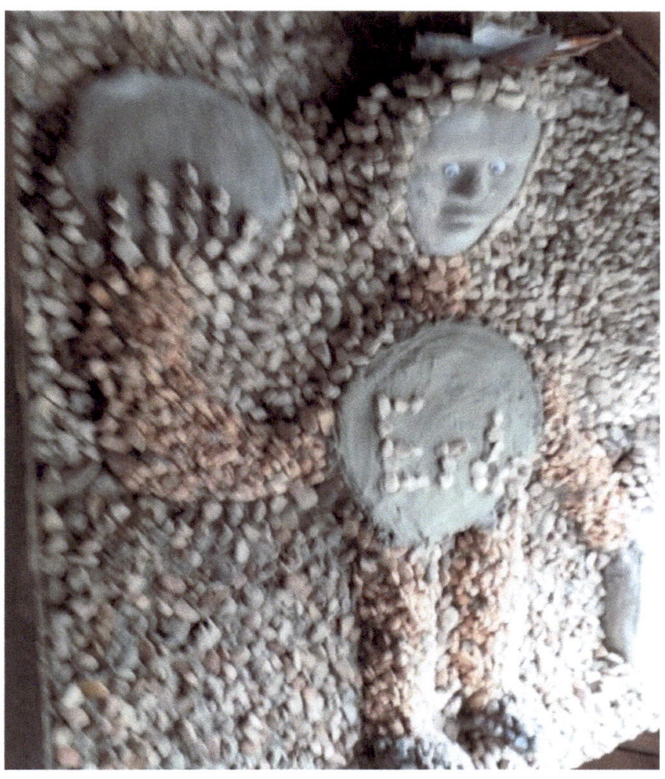

Schuld an allem Elend auf dem Planet Erde ist die Masse der Menschen.
Wir Menschen haben lange kriegerische Wege hinter uns.
Einige Menschen benutzen diese Massen von Menschen immer

Die Eltern wissen nicht was sie ihren Kindern immer wieder
antun. Von einer Generation zur anderen. Wieviel Erde
brauchen unsere Kinder, Enkelkinder und Tiere?

Ich klage an.

wieder aus, um Kriege zu führen.
Sie hatten ein leichtes Spiel, weil jeder Mensch für sich alleine
herum lief.
Die Masse der Menschen war früher noch nicht so gebildet.
Dadurch entstand viel Elend, Hunger, Armut und Leid.
Heute sind wir Menschen gebildeter, aber jeder läuft noch
immer für sich alleine herum.
Wir haben aus der Vergangenheit nichts gelernt.
Jeder denkt nur an sein Ich.
In der Masse von Menschen sind wir sehr dumm geblieben.
Wir stellen heute immer mehr Waffen und Gifte her.
Für wen sind sie?
Sind sie da um uns Menschen zu töten?
Die Masse von Menschen benutzt man heute wieder um Kriege
zu führen.
Jeder holt sich ein Stück aus dieser Masse von Menschen.
Die Politiker, der Glaube, die Rechten, die Linken u.s.w.
Jeder bestimmt eine Richtung.
So werden die Massen von Menschen ausgenutzt, ohne dass sie
es merken, weil jeder denkt: das ist das richtige.
Heute werden schon Roboter in den Krieg geschickt um
Menschen zu ersetzen.
Die Roboter übernehmen überall unsere Arbeit.
In Krankenhäusern, Altersheimen, Fabriken, im Auto.
Überall werden wir Menschen ersetzt.
Aber was macht man mit uns vielen Menschen in Zukunft?

Die Eltern wissen nicht was sie ihren Kindern immer wieder
antun. Von einer Generation zur anderen. Wieviel Erde
brauchen unsere Kinder, Enkelkinder und Tiere?
Ich klage an.

*Durch die Klimaerwärmung werden heute schon die
Lebensmittel knapp.
Die Armut auf dem Planet Erde wird immer größer.
Aber was macht man mit uns vielen Menschen?
Einige Menschen greifen heute schon nach anderen Planeten;
ist er für die Massen der Menschen gedacht?
Oder schickt man die Masse der Menschen wieder in den
Krieg. Nein, dafür haben wir doch Roboter.
Erfindet man Krankheiten um die Menschheit zu reduzieren?
Oder erfindet man Lebensmittel, dass eine bestimmte
Blutgruppe der Menschen früher stirbt?
Oder setzt man heimlich Neugeborene Kinderchips in den
Kopf, die man nach Bedarf tötet?
Was macht man mit uns vielen Menschen, wenn wir nichts
mehr zu tun haben?
Verteilt man den Reichtum an alle Menschen, so dass alle ein
gutes Leben haben?
Die Masse der Menschen könnte dafür sorgen.
Aber ich glaube da haben noch zu viele Menschen alten Müll
in ihren Köpfen.
Deshalb wird die Masse der Menschen dumm bleiben.
Wie schade, arme Menschheit!*

*Wieviel Erde brauchen unsere Kinder und Tiere?.
Nur Eltern können etwas ändern, wenn sie ihre Kinder lieben.
So lange es Menschen gibt hatten wir immer eine
Klimaveränderung.*

Die Eltern wissen nicht was sie ihren Kindern immer wieder
antun. Von einer Generation zur anderen. Wieviel Erde
brauchen unsere Kinder, Enkelkinder und Tiere?
Ich klage an.

Aber er wurde aufgefangen durch unsere Wälder.
Heute gibt es immer weniger Wälder durch die Gier der
Menschen.
Riesige Städte sind entstanden.
Die Tiere wurden verjagt.
Man überflutet uns immer wieder mit der neuesten Mode und
versetzt viele Menschen in einen Konsumrausch.
Es gibt zuviele reiche und arme Menschen und zuviele
Waffenversuche und Kriege.
Aber da will keiner etwas von wissen.
Die Politiker von heute, versuchen den Klimawandel ein
bisschen abzudrosseln.
Durch Preiserhöhung, so dass die Menschen, die genug Geld
haben, sich alles erlauben können.
Die Masse der Menschen benutzen sie wie die Hampelmänner
- innen.
Die Parteien brauchen nur an ihnen zu ziehen, dann laufen sie
hin und her.
Von einer Partei zur anderen.
Aber wenn sie nicht mehr an sich ziehen lassen und auf die
Straße gehen weil man ihnen immer mehr die Lebensgrundlage
weg nimmt, dann schicken die Politiker Polizei und Militär.
Es gibt heute schon 20 Millionen Klimaflüchtlinge.
Innerhalb der nächsten 30 Jahren werden es mehr als 200
Millionen Menschen sein die ihre Heimat verlassen müssen.
Aber wohin mit ihnen?

Die Eltern wissen nicht was sie ihren Kindern immer wieder
antun. Von einer Generation zur anderen. Wieviel Erde
brauchen unsere Kinder, Enkelkinder und Tiere?
Ich klage an.

Man könnte heute schon viel für das Klima: machen zum
Beispiel der Staat könnte investieren, so dass alle Dächer mit
Solarzellen bestückt werden.
Wir hätten alle billig Strom!
Die Stromrechnung können wir dann an die Kommunen
bezahlen.
Die Kommunen könnten das Geld das übrig ist für Soziales
verwenden.
Wir Menschen haben einen schweren Weg hinter uns.
Es fing an als der erste Mensch da war.
Wir mussten erst immer alles erleben.
Dann haben wir versucht es zu ändern, weil wir es nicht besser
wussten.
Doch heute ist das nicht mehr so einfach.
Es gibt zuviele Menschen und unsere Technik ist
hochentwickelt.
Alles hängt von der Industrie ab.
Wenn wir viele Fabriken schließen, aus Umweltgründen, dann
gibt es viele Arbeitslose.
Dann interessiert keinen mehr die Umwelt.
Das bedeutet, viele Menschen leben in Armut und gehen auf
die Straße.
Überall werden noch die Wälder abgeholzt, die uns geschützt
haben.
Das Klima wird immer wärmer.
Aber keiner hat das Recht eine Generation zu verurteilen, weil
jede neue Generation andere Probleme erleben wird.

Die Eltern wissen nicht was sie ihren Kindern immer wieder
antun. Von einer Generation zur anderen. Wieviel Erde
brauchen unsere Kinder, Enkelkinder und Tiere?
Ich klage an.

Sie werden erneut daraus lernen müssen.
Wir Menschen werden uns dem Klima anpassen müssen und
nicht das Klima an uns Menschen.
Schuld an allem Leid, Armut, Elend, Kriege ist die Masse der
Menschen (Hampelmänner-innen).
Die sind sich nicht einig.
Die Masse der Menschen will keinen Krieg.
Das wollen nur einzelne Menschen.
Sie hetzen die Massen auf, so dass die Masse der Menschen in
den Krieg gehen, ohne darüber richtig nachzudenken.
Sie müssen ja die Menschen schützen die den Krieg
angefangen haben.
Man muss sich das mal vorstellen: ich muss in den Krieg und
einen Menschen töten der mir nichts getan hat.
Den anderen Menschen geht es genau so.
Wenn wir uns alle einig wären, dann würde sowas nicht
passieren.
Aber wann werden die (Hampelmänner-innen) bereifen, dass
wir alle zusammen gehören, und nur so viel brauchen wie wir
zum leben brauchen?
Die Gefahr ist, wenn man einen Menschen bewundert und ihn
in sein Gehirn lässt
Dann besteht die Gefahr, dass man eines Tages alles macht
was dieser Mensch von einem will.
So geht es vielen Menschen schon.
Das wird sich auch so schnell nicht ändern.

Die Eltern wissen nicht was sie ihren Kindern immer wieder
antun. Von einer Generation zur anderen. Wieviel Erde
brauchen unsere Kinder, Enkelkinder und Tiere?

Ich klage an.

*Ja, wir Menschen sind geistig noch sehr unterentwickelt, also
dumm!*
Wir vernichten unseren Planet Erde, er ist unser Zuhause.
So etwas macht kein intelligentes Wessen.
*Wann begreifen wir Menschen, dass wir auf diesem Planet
Erde alle eine große Familie sind und zusammen gehören?*
Macht und Gier macht uns Menschen böse!
Wir haben nur einen Planet Erde!
Aber viele Länder.
*Wir sind uns alle fremd, aber wir sind Menschen mit den
gleichen Problemen.*
Was machen wir mit unserem Leben?
*Es ist manchmal eine lange Zeit, unser Leben zu leben und es
ist sehr langweilig.*
*Deshalb verbringen wir unsere Zeit mit Kriegen, Macht, Gier,
Hass, Fernsehen, Theater, Liebe, Familie, Arbeit, Armut,
Reichtum u.s.w.*
Bis wir endlich befreit werden durch den Tod.
Aber was ist das richtige Leben?
*Das richtige Leben ist, wenn wir alle in Frieden leben und eine
große Familie werden, wo einer dem anderen hilft.*
Wir müssen endlich damit anfangen.
Unser Gehirn ist lernfähig.

Unsere Kinder werden uns das danken.

Die Eltern wissen nicht was sie ihren Kindern immer wieder
antun. Von einer Generation zur anderen. Wieviel Erde
brauchen unsere Kinder, Enkelkinder und Tiere?
Ich klage an.

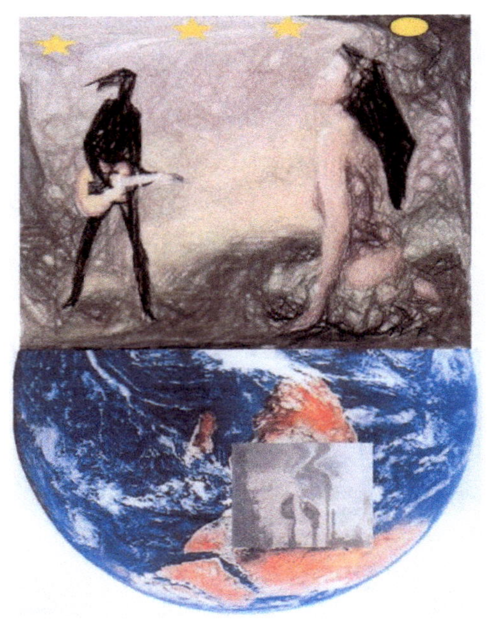

Ich lade dich ein in meine geistige Welt zu kommen.
Ohne Krieg und Mord.
Ist es nicht schön sich zu lieben?
Die Sterne und den Mond zu bewundern?
Nie wieder Krieg!
Das geht nur, wenn es allen Kindern gleich gut geht auf dem
Planet Erde.
Nur Eltern können etwas ändern, weil sie ihre
Kinder lieben.

Die Eltern wissen nicht was sie ihren Kindern immer wieder antun. Von einer Generation zur anderen. Wieviel Erde brauchen unsere Kinder, Enkelkinder und Tiere?
Ich klage an.

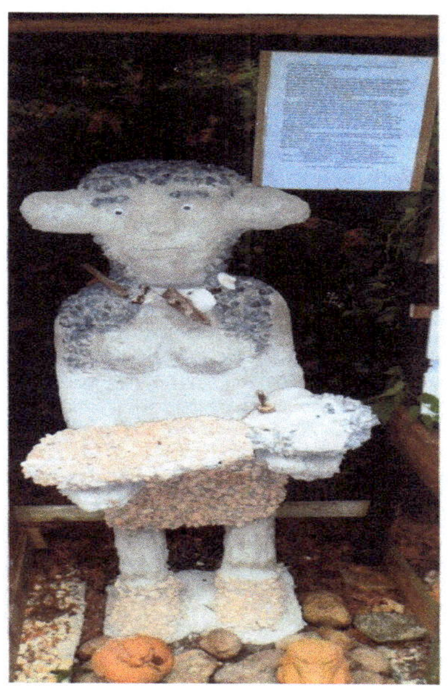

Die Steinzeitmenschen lebten in Hütten die aus Zweigen waren.
Einige legten auch Felle über die Zweige. Andere lebten in Höhlen. Ihr Gehirn war noch klein. Die Steinzeitmenschen wurden ca. 25 bis 35 Jahre alt. Da brauchte man keine Krankenhäuser. Die Schwachen wurden einfach irgendwo liegen gelassen und von wilden Tieren gefressen. Das war früher das Krankenhaus und das Beerdigungsinstitut. Wer nicht genug jagte, musste hungern. Das war für sie das Arbeitsamt. Wer gar nicht's machte, bekam die Knochen; das

Die Eltern wissen nicht was sie ihren Kindern immer wieder
antun. Von einer Generation zur anderen. Wieviel Erde
brauchen unsere Kinder, Enkelkinder und Tiere?
Ich klage an.

*war das Sozialamt. Die Alten bekamen die Reste der Knochen,
das war früher das Altenheim. Die heutigen Menschen haben
ein größeres Gehirn. Sie werden sehr alt. Sie vergiften ihre
Lebensmittel durch ihre Gier. Sie haben ihre Felder vergiftet.
Sie haben die Meere verseucht mit Plastikmüll usw. Durch ihre
Umweltverschmutzung steigt der Meeresspiegel. Landflächen
werden überschwemmt. Viele Inseln verschwinden im Meer. Ihr
Konsum kennt keinen Halt. Viele Menschen sind arm und leben
auf der Straße, auch Kinder. Wenn die Armen sterben, werden
sie auf dem Friedhof in einer Ecke begraben, ohne Namen. Als
wenn sie nie dagewesen wären. Viele alte Menschen bekommen
im Altenheim Fußbänder als Überwachung. Oder sie werden
mit Tabletten ruhiggestellt, weil zu wenig Personal da ist. In
den Krankenhäusern fehlt das Personal und ist voller Keime.
Durch die Armut, Reichtum und Kriege entsteht die größte
Umweltverschmutzung. Die Armen leben in Slums, die
Reichen im Überfluss. Für die meisten Menschen ist es ganz
normal, dass es Armut, Reichtum und Kriege gibt. Sie sind in
ihrem Konsumrausch gefangen. Wir Menschen sind wohl
moderner geworden, aber. ich glaube das große Gehirn hat uns
nichts gebracht. Wäre es nicht besser gewesen, wir hätten das
kleine Gehirn behalten? Oder brauchen wir noch ein größeres
Gehirn? So dass wir erkennen, dass alle Menschen gleich sind
auf diesem Planet Erde?
So dass wir alle in Frieden leben können.*

Die Eltern wissen nicht was sie ihren Kindern immer wieder
antun. Von einer Generation zur anderen. Wieviel Erde
brauchen unsere Kinder, Enkelkinder und Tiere?
Ich klage an.

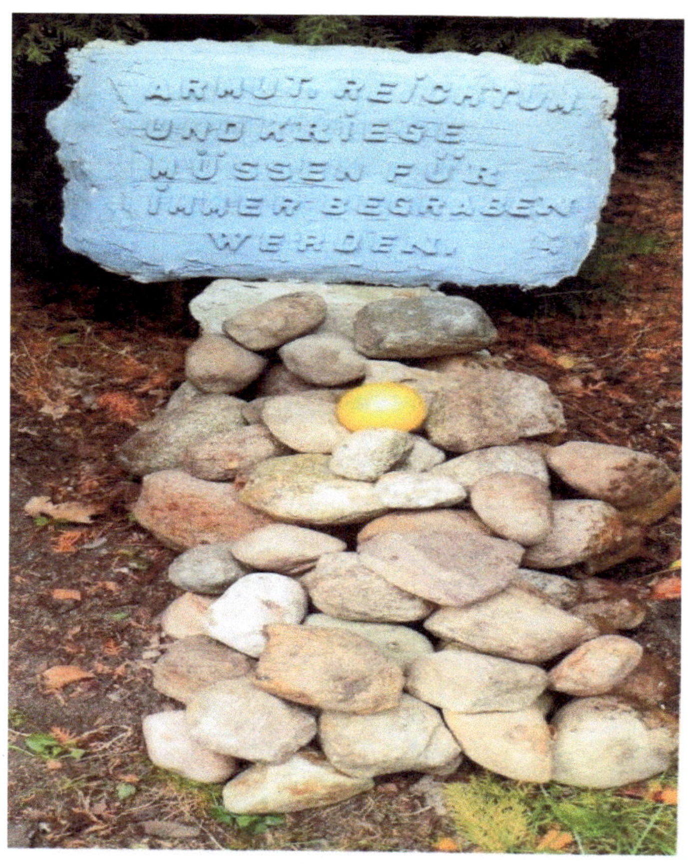

Armut ,Reichtum und Kriege müssen.
Für immer Begraben werden.

Die Eltern wissen nicht was sie ihren Kindern immer wieder
antun. Von einer Generation zur anderen. Wieviel Erde
brauchen unsere Kinder, Enkelkinder und Tiere?
Ich klage an.

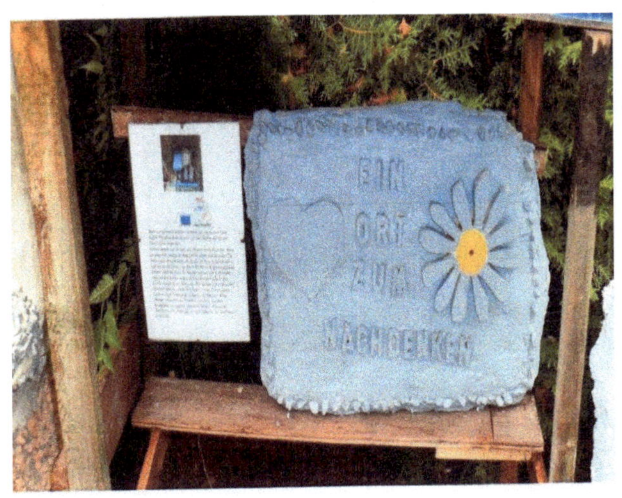

Ein Ort zum Nachdenken.

Die Eltern wissen nicht was sie ihren Kindern immer wieder
antun. Von einer Generation zur anderen. Wieviel Erde
brauchen unsere Kinder, Enkelkinder und Tiere?
Ich klage an.

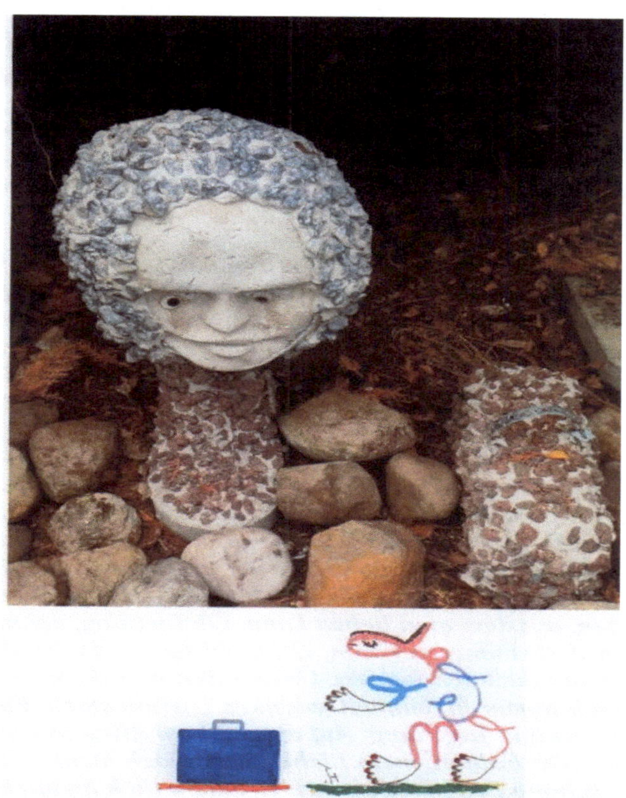

Wenn wir geboren werden, schenkt uns das Leben einen Koffer.
Wo alles drin ist, was wir fürs Leben auf diesem Planet Erde
brauchen. Nehme davon nur so viel, wie du zum leben
brauchst. Wenn du groß bist, musst du dem Leben sagen was
du willst. Du musst dich entscheiden, ob du das im Kopf

Die Eltern wissen nicht was sie ihren Kindern immer wieder
antun. Von einer Generation zur anderen. Wieviel Erde
brauchen unsere Kinder, Enkelkinder und Tiere?
Ich klage an.

*behalten willst, was dir deine Eltern aus ihrem Koffer im Kopf
mit gegeben haben. Oder du holst dir Sachen aus deinem
Koffer und entscheidest selber wohin dein Leben dich führen
soll. Kleide deinen Kopf damit ein. Was du fürs Leben
brauchst. Habgier, Mörder, Dieb, Reichtum, Armut, Elend,
Liebe, Leidenschaft, Sehnsucht, Umweltverschmutzer, Klug,
Dumm, Obdachloser, Politiker, Arbeiten, Faulheit, Kriegführer-
in, Lügner, Lespisch, Schwul, Eifersucht Zuhälter u.s.w. Oder
als sozialer Mensch, der den Planet Erde liebt.
Geschichte.
Vier Geister lebten oben im All auf einem Planeten.
Sie waren sehr einsam. Sie hatten keinen Körper mit dem sie
sich gegenseitig lieben konnten. Einen Körper konnten sie aber
nur auf dem Planet Erde bekommen. Aber sie wussten, dass
eines Tages ihre Körper sterben würden und sie sich wieder
trennen müssten. Aber in dieser kurzen Zeit wollen sie
unbedingt wissen wie es ist, sich körperlich zu lieben, so wie
alle Menschen. Wenn sie wieder auf ihren Planeten waren,
konnte man sich erzählen was jeder erlebt hat. Sie beschlossen
zum Planet Erde zu fliegen um in dieser kurzen Zeit ihre große
Liebe zu genießen. Sie lebten viele Jahre glücklich auf dem
Planet Erde. Eines Tages: Sie: „Fabian mein Liebling, heute
ist es soweit, ich muss dich verlassen. Mein Körper ist krank.
Es war eine schöne Zeit mit dir auf diesem schönen Planet
Erde zu leben. Ich wäre gerne länger bei dir geblieben. Es war
so schön einen Körper zu haben, mit dem man lieben kann. Oh
Liebling, sei nicht traurig, meine Liebe wird dir immer*

Die Eltern wissen nicht was sie ihren Kindern immer wieder antun. Von einer Generation zur anderen. Wieviel Erde brauchen unsere Kinder, Enkelkinder und Tiere?
Ich klage an.

gehören. Oh Liebling, du darfst nicht um mich weinen, sonst muss auch ich weinen. Unsere Zeit war doch so schön. In Gedenken bin ich immer in deinen Gedanken." Alina starb. Fabian war sehr traurig. Er weinte Tage lang. Auf einmal kam Alina in seine Gedanken. Sie: „Oh Fabian mein Liebling, sei doch nicht so traurig es war doch eine schöne Zeit mit uns zwei. Erinnere dich an mich, dann bist du nicht so alleine." Er: „Ja Liebling ich erinnere mich." Sie: „Fabian mein Liebling, als ich dich auf dem Planet Erde nach vielen Jahren durch ein Schaufenster sah, waren wir so nah und doch so fern. Unsere Herzen schlugen so hoch, dass die Schaufensterscheibe zu zittern anfing. Wir beide schlugen an diese Schaufensterscheibe die uns und unsere Liebe trennte. Wir schrien beide: ich liebe dich. Aber die Schaufensterscheibe ließ unsere Liebesrufe nicht durch. Ich bekam Angst und lief auf die andere Seite der Schaufensterscheibe. Aber du warst weck mein Liebling. Ich war so traurig. Mein Herz schrie nach deiner Liebe. Ich weinte die halbe Nacht voller Sehnsucht nach dir. Ich ging jeden Tag zu dieser Schaufensterscheibe, aber du warst nie da mein Liebling. Oh mein Liebling, erinnere dich an mich, dann bist du nicht mehr so alleine." Er: „Ja Liebling, ich erinnere mich." Sie: „Oh Liebling, ich sah dich endlich nach vielen Tagen wieder. Aber eine Straße trennte uns. Oh Liebling ich hörte dein Herz klopfen. Meine Sehnsucht schrie nach dir. Ich liebe dich, ohne dich kann ich nicht leben mein Liebling." Er: „Oh Alina Liebling, ich erinnere mich. Auch meine Sehnsucht schrie nach dir. Aber diese vielen Autofahrer

Die Eltern wissen nicht was sie ihren Kindern immer wieder
antun. Von einer Generation zur anderen. Wieviel Erde
brauchen unsere Kinder, Enkelkinder und Tiere?
Ich klage an.

*trennten unsere Liebe. Wir winkten uns gegenseitig zu, was
heißen sollte, warte auf mich mein Liebling. Ja Liebling, ich
hörte deinen Herzschlag wie eine Trommel. Jeder Laut der
Trommel schrie: ich liebe dich mein Liebling."* Sie: *„Oh
Fabian mein Liebling, du liefst einfach über die Straße. Die
Autos mussten halten. Sie fingen zu Hupen an und schrien
hinter dir her: du Trottel, das ist unsere Straße. Du ließt dich
nicht beeindrucken und gingst einfach zwischen die Autos
durch. Du setztest dein Leben aufs Spiel nur um mich zu
erreichen, um meine Liebe zu empfangen. Du warst für mich
ein Held. Wir schauten uns tief in die Augen die voller
Sehnsucht strahlten. Wir berührten uns. Ein glückliches Gefühl
ging durch meinen Körper. Die Sonne lachte uns zu, sie freute
sich über unsere Liebe und dass wir uns endlich gefunden
haben. Oh Liebling erinnere dich, dann bist du nicht mehr so
alleine. Wir gingen in den Park."* Er: *„Oh Alina mein Liebling,
ich erinnere mich als du das erste mal zu mir sagtest: ich liebe
dich von Herzen. Ich war überglücklich. Jeder dieser 21
Buchstaben ging durch meinen Körper. Es war ein glückliches
Gefühl. Wir umarmten uns und küssten uns leidenschaftlich."*
Sie: *„Oh Fabian mein Liebling, deine Küsse waren so zärtlich
und angenehm, dass ich nicht genug bekommen konnte. Unsere
Körper rangen nach Luft. Wir hörten zu küssen auf und
schauten uns zärtlich in die Augen die voller Sehnsucht
waren."* Er: *„Ja Alina mein Liebling, ich erinnere mich. Im
Park suchten wir uns eine Bank. Du erzähltest mir die*

Die Eltern wissen nicht was sie ihren Kindern immer wieder
antun. Von einer Generation zur anderen. Wieviel Erde
brauchen unsere Kinder, Enkelkinder und Tiere?
Ich klage an.

Geschichte von der Elefantenfamilie. Ich hörte dir gerne zu.
Du hattet so eine angenehme Stimme mein Liebling."
Mein Name ist Mensch.
Wir brauchen ein neues Denken.
Man holt mich einfach auf den Planet Erde. Ohne
Mitbestimmung. Zwei Menschen zeugen mich. Manchmal aus
Liebe, oder um sich zu befriedigen. Ich wachse langsam als
Mensch im Bauch meiner Mutter. Nach neun Monaten komme
ich auf den Planet Erde. Wenn ich Glück habe, gesund. Wenn
ich Pech habe, als Krüppel. Das entscheiden die Menschen vor
Ort, ob ich in diesem Körper leben muss. Aber sie entscheiden
sich, dass ich in diesem Körper leben muss. Sie nennen es
Liebe, weil die heiligen Menschen sagen, du darfst nicht töten.
Gott hat das verboten. Es ist ein Verbrechen an das Leben.
Für mich ist das die Hölle, dass ich in diesem Körper leben
muss. Ich bin gefangen in diesem Körper, ein Leben lang. Sie
führen Krieg. Millionen Menschen werden getötet. Ich als
einzelner Mensch zähle nicht. Du auch nicht. Was zählt, ist die
Menschheit. Wieso ist das bei einer Geburt anders? Es gibt
große Unterschiede bei der Menschheit. So lange die
Menschheit Geschichte schreibt, gibt es Arme und Reiche. Das
bedeutet, unser soziales Gehirn hat in den 2 000 000 Jahren
nichts dazu gelernt. Müssen nochmal 2 000 000 Jahre
vergehen bis die Menschen erkennen, dass sie nicht das
richtige Leben leben? Aber ich glaube, das wird noch viele
Generationen dauern. Dornröschen hat nur 100 Jahre
geschlafen. Aber wer küsst uns Menschen wach? Ich glaube

Die Eltern wissen nicht was sie ihren Kindern immer wieder antun. Von einer Generation zur anderen. Wieviel Erde brauchen unsere Kinder, Enkelkinder und Tiere?
Ich klage an.

Tiere sind schlauer als wir Menschen. Sie nehmen nur so viel wie sie zum leben brauchen. Warum nehmen wir Menschen mehr als wir brauchen? Wir sind zu gierig. Der Planet Erde wird uns eines Tages dazu zwingen. Dann wird der Mensch verstehen, dass Reichtum und Armut eine Schande ist. Dann geht es allen Menschen gleich gut. Wie das auch immer aussehen mag. Viele Menschen haben Millionen oder Milliarden. Also mehr, als sie zum leben brauchen. Deshalb müssen viele Menschen verhungern und in Elend leben. Du kannst alle Kriege gewinnen. Nur den Krieg gegen die Armut, den kann keiner gewinnen. Die Raffgier der Menschen lässt das nicht zu. Wichtig ist für uns Menschen die Umwelt, das ist unser Lebensraum. Aber das ist den meisten Menschen nicht bewusst. Der Planet Erde wird immer mehr zerstört. Der Raum zum leben wird immer enger. Derzeit leben 7 Mrd, Menschen auf der Erde. Die Menschen vermehren sich immer schneller. Im Jahr 2080 ist die Weltbevölkerung bei 34 Mrd, das heißt, jedes Stück Landfläche der Menschen ist so besiedelt wie Deutschland. Die Massen der Menschen kann nicht mehr ernährt werden. Die Kirche verbietet heute noch die Pille. Die heiligen Menschen machen was der Papst sagt. Auch wenn ihre Kinder missbraucht werden machen sie die Augen und Ohren zu. Sie beten und beten, als wenn das alles richtig ist. Wenn es Gott wirklich gibt, dann hat er viele Verrückte, Gierige, Böse Menschen gemacht. Er hätte bei den Menschen nicht in ihren Genen herumfummeln sollen. Er hätte die Menschen so lassen sollen wie sie waren. Aber wie waren sie?

Die Eltern wissen nicht was sie ihren Kindern immer wieder
antun. Von einer Generation zur anderen. Wieviel Erde
brauchen unsere Kinder, Enkelkinder und Tiere?
Ich klage an.

*Liebe Eltern, was macht ihr mit dem Planet Erde der uns
ernährt? Wir leben alle im Überfluss. Statt sich die Hände zu
reichen, bekämpfen sie sich in ihrer Gier. Sind Elefanten
schlauer als Menschen?*
Ich glaube ja.
Sie haben einen größeren Kopf.

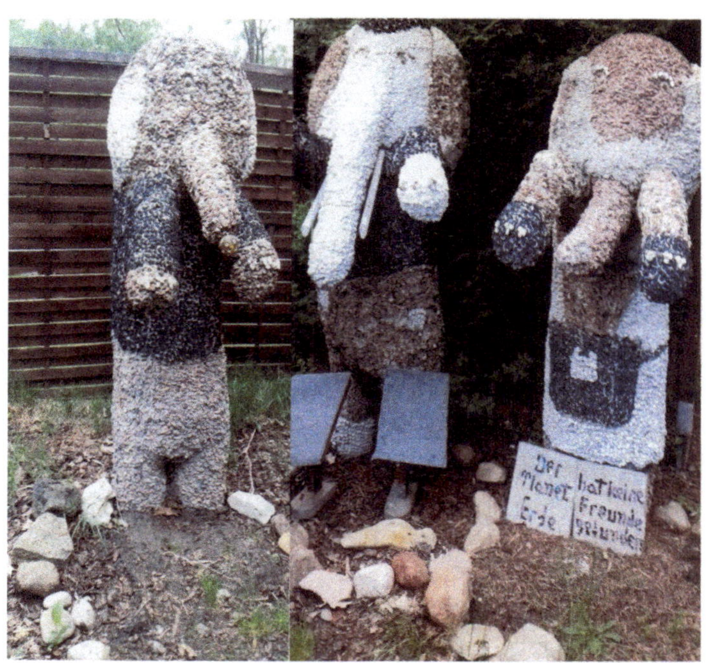

Es war einmal eine Elefantenfamilie.
Sie lebten im Zoo.
Eines Tages fragte der Sohn die Mutter: „Warum laufen hier

Die Eltern wissen nicht was sie ihren Kindern immer wieder
antun. Von einer Generation zur anderen. Wieviel Erde
brauchen unsere Kinder, Enkelkinder und Tiere?

Ich klage an.

*immer so viele Zweifüßler herum? Was sind das für Wesen?"
Mutter: „Elfon, diese Zweifüßler nennen sich Menschen.
Sie sind sehr komisch, aber frage deinen Vater der kennt sich
sehr gut aus mit diesen komischen Wesen." Elfon: „Vater was
ist los mit diesen komischen Wesen die uns immer so
anstarren? Manchmal winken, oder lachen sie uns an. Was ist
los mit denen?" Vater: „Elfon, diese Zweifüßler nennen sich
Menschen, sie kommen mit ihren Kindern in den Zoo und
geben dafür Geld aus. Es stört sie nicht, dass wir in
Gefangenschaft leben müssen." Elfon: „Vater, sie kommen um
zu sehen wie wir uns hier quälen? Dafür geben sie auch noch
ihr Geld aus? Das verstehe ich nicht, wie kann man sich nur
darüber freuen wenn andere leiden." Vater: „Ja Junge, das
kann man auch nicht verstehen. Die Zweifüßler sind komische
Wesen. Du siehst mein Sohn, überall auf dem Planet Erde
herrscht Macht und Gier. Sogar die Länder die miteinander
befreundet sind, bespitzeln sich untereinander. Jeder läuft für
sich herum. Sie verknechten sich gegenseitig. Irgendwie tun sie
mir auch leid diese Zweifüßler. Sie wissen nicht so recht was
sie mit sich anfangen sollen. Einige Länder sind demokratisch.
Sie haben viele Parteien. Das bedeutet, die Menschen sind sich
nicht einig. Jeder denkt, er hat recht. Die
Menschenrechtsorganisation Freedom House listet in ihrem
Bericht von 2013 47 Länder auf, die als nicht frei gelten – wo
es also keine politischen Rechte gibt und bürgerliche Freiheit
systematisch eingeschränkt werden. Ebenfalls nennt sie 58
Länder, die nur teilweise frei sind. 90 Länder gelten als frei.*

42

Die Eltern wissen nicht was sie ihren Kindern immer wieder
antun. Von einer Generation zur anderen. Wieviel Erde
brauchen unsere Kinder, Enkelkinder und Tiere?
Ich klage an.

*Die Zahl von nicht freien Ländern hat in den letzten 40 Jahren
zudem abgenommen: 1972 waren es noch 69 Länder, die nicht
einem autokratischen System regiert wurden. Zu den
schlimmsten Diktaturen zählt die Organisation neuer Länder,
welche die schlechtesten Bewertungen erhalten haben:
Nordkorea, Turkmenistan, Usbekistan, Sudan,
Äpuatorialguinea, Eritrea, Saudi Arbien, Syrien und Somalia.
Diktatoren herrschen dort: im Durchschnitt 37,5 ? Keiner traut
dem anderen. Die Eltern hätten ihren Kindern sagen müssen:
Es ist Unrecht was ihr da macht. Aber nein, sie schwiegen bis
heute. Deshalb geht das Unrecht immer so weiter von einer
Generation zur anderen. Elfon, wir Tiere haben immer gehofft,
dass es eines Tages eine Generation von Zweifüßlern gibt, die
uns Tiere befreien, so dass wir wieder in Freiheit leben
können." Elfon: „Vater das wäre ja so schön, ich könnte
überall herumlaufen, über die grünen Wiesen in den Wäldern."
Elfon liefen die Tränen die Wange herunter. Vater: „Mein Sohn
sei nicht traurig, ich gebe die Hoffnung nicht auf. Die
Zweifüßler kapieren es nicht, was will man mit Macht und
Reichtum. Sie verstehen es nicht, wenn man zu viel zum Leben
nimmt. Dann müssen andere leiden, weil sie zu wenig haben.
Sie nehmen sich das Recht heraus Herr über alles zu sein.
Ohne Rücksicht. Aber Schuld haben diese Zweifüßler nicht.
Elfon was ist los. Warum unterbrichst du mich schon wieder."
Elfon: „Aber Vater wieso sind diese Zweifüßler unschuldig?
Sie zerstören doch den ganzen Planet Erde und die tun so, dass
sie keine Schuld haben? Das verstehe ich nicht." Vater: „Mein*

Die Eltern wissen nicht was sie ihren Kindern immer wieder
antun. Von einer Generation zur anderen. Wieviel Erde
brauchen unsere Kinder, Enkelkinder und Tiere?
Ich klage an.

*lieber Sohn, die Politiker sagen immer die Welt ist schuld.
Oder die Welt muss sich ändern." Elfon: „Aber Vater wie soll
ich das wieder verstehen?" Vater: „Ach Sohnemann wenn die
Politiker sagen würden, dass alle Zweifüßler schuldig sind,
dann würden sie von den Eltern nicht mehr gewählt. Die
Politiker stimmen doch allem zu, so dass der Planet Erde
immer mehr zerstört wird. Sie machen die Reichen immer
reicher und die Armen immer ärmer. Die Politiker könnten das
alles verhindern. Aber die Reichen haben sie voll im Griff. Also
sagen sie immer die Welt ist schuld und die Welt muss sich
ändern. Also sagen alle Eltern, wir haben ja keine Schuld, wir
können ja auch nichts ändern, die Welt ist zu mächtig. Sie
vertrauen ihren Politikern und überlegen nicht lange. Wenn
diese Eltern wüssten, dass sie alle schuldig sind, dann würden
sie es bestimmt ändern, weil Eltern lieben doch ihre Kinder, sie
sind ihre Zukunft. Dieser Planet Erde gehört allen Eltern. Wir
können nur hoffen, dass sie das eines Tages erkennen, denn es
sind immer wieder ihre Kinder die das neue Unheil anrichten.
Doch sie vertrauen lieber den Politikern, weil es einfacher ist.
Aber keiner kann etwas mitnehmen, wenn sie sterben.
Dann sind alle gleich.
Wenn das Fleisch langsam vom Körper geht, beginnt die
Gleichberechtigung. Es gibt keine reichen und keine armen
Menschen mehr. Mann und Frau sind gleich. Es gibt keine
Kriege mehr, keine bösen und keine lieben Zweifüßler mehr.
Alle sind gleich. Warum erst nachher und nicht vorher?"
Elfon: „Vater wäre es nicht besser gewesen, wenn wir das*

Die Eltern wissen nicht was sie ihren Kindern immer wieder
antun. Von einer Generation zur anderen. Wieviel Erde
brauchen unsere Kinder, Enkelkinder und Tiere?
Ich klage an.

*Sagen hätten auf diesem Planet Erde?" Er: „Ja Junge, wir
sind sozialer eingestellt wir kennen keine Gier oder Macht. Wir
nehmen nur so viel wie wir zum leben brauchen. Viele von uns
Tieren haben sie schon ausgerottet. Der Planet Erde wird
immer mehr zerstört. Weißt du mein lieber Sohn, es gibt auch
Zweifüßler die anders sind, aber es sind noch zu wenige. Wir
hoffen ja noch immer, dass sich eines Tages alles zum Guten
wendet. Ich erzähle dir nun die Geschichte die mir mein
Großvater erzählt hat. Von einem Zweifüßler, der uns gerne
geholfen hätte. Wir hoffen, dass es eines Tages viele von ihm
gibt. Deshalb erzählen wir die Geschichte immer wieder
unseren Kindern. Meine Mutter: „Lieber Sohn, ich habe für
dich eine gute Aufgabe auf dem Planet Erde. Du musst die
Menschen aufklären. Früher haben sie nur Kriege geführt um
sich gegenseitig umzubringen. Aber in 50 Jahren sind sie in
der Lage, den ganzen Planet Erde in die Luft zu sprengen."
Ich: „Aber Mutter, was gehen uns denn die schlechten
Menschen auf dem Planet Erde an?" Mutter: „Mein liebes
Kind, die Menschen sind nicht alle schlechte. Es lohnt sich, sie
zu retten. Du wirst sehen, es ist ein schöner grüner Planet. Die
Menschen haben nur einiger Fehler gemacht. Als sie das
aufrechte Gehen erlernten, ging es noch, aber dann haben sie
noch versucht zu arbeiten. Sie arbeiten heute noch und
verwüsten dadurch ihren ganzen Planeten durch ihre Raffgier.
Sie stellen nur noch Waffen und Gifte her." Ich: „Mutter, wäre
es nicht besser gewesen, wenn die Menschen auf den Bäumen
geblieben wären? Dann wäre den Tieren und den Pflanzen viel*

Die Eltern wissen nicht was sie ihren Kindern immer wieder antun. Von einer Generation zur anderen. Wieviel Erde brauchen unsere Kinder, Enkelkinder und Tiere?

Ich klage an.

erspart geblieben." Mutter: „Mein Sohn, das kannst du nicht so sehen. Du wirst feststellen, der Mensch kann lieben, er hat Gefühle. Es sind nur einige, die die Menschen durcheinander bringen um Macht zu haben. Du sollst ihnen zeigen, dass man arbeiten kann, ohne alles zu zerstören, so dass drei Dinge zusammen passen. Der Planet, die Menschen und die Tiere. Mein Liebling, die Menschen sind seltsame Wesen, aber du wirst sie schon verstehen. Verzweifle nie und denke an deine Aufgabe. Sie küsste mich und sagte: „Ab morgen bist du Mensch."

Die Eltern wissen nicht was sie ihren Kindern immer wieder
antun. Von einer Generation zur anderen. Wieviel Erde
brauchen unsere Kinder, Enkelkinder und Tiere?
Ich klage an.

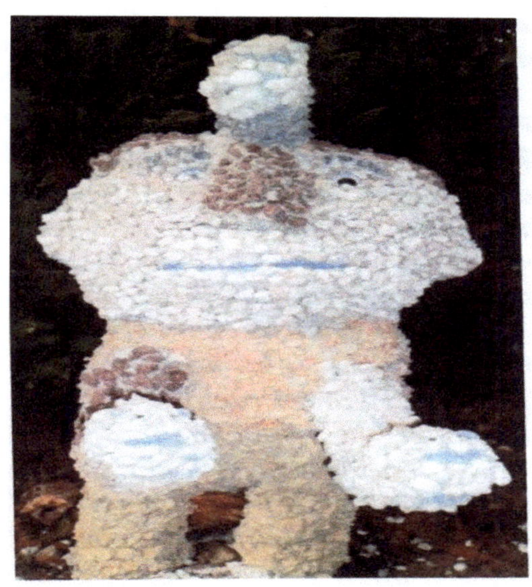

Ich bin ein Teil dieser Zeit.

Es ist ein gefährliches Leben in dieser Zeit.

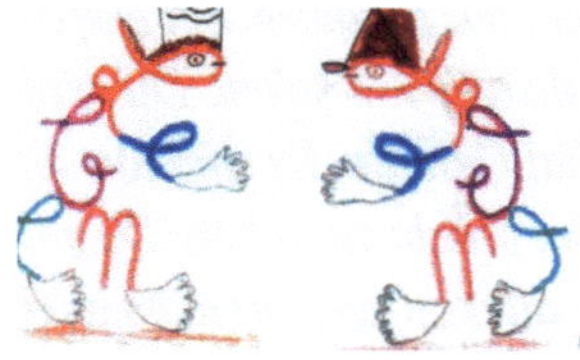

Die menschlichen Gehirne sind noch nicht bei allen ausgereift.
Woher du kommst ist egal. Aber schau hin, wo du im Leben

Die Eltern wissen nicht was sie ihren Kindern immer wieder
antun. Von einer Generation zur anderen. Wieviel Erde
brauchen unsere Kinder, Enkelkinder und Tiere?

Ich klage an.

*hingehst. Es gibt die guten und die schlechten Menschen. Die
schlechten: sie plündern und sie rauben. Sie führen Krieg mit
der Natur. Aber sie werden beide verlieren. Denke immer
daran, mit wem du gehst, denn unser Leben hat einen Sinn.
Verzweifle nie an den Schlechten, vereinigt euch mit den
Guten. Dann wird es euch gut ergehen. Denke daran, kein
Mensch hat Macht, nur wenn man ihn unterstützt hat er die
Macht. Deshalb überlege was du tust, es muss für alle
Menschen gleich gut sein.*

Die Eltern wissen nicht was sie ihren Kindern immer wieder
antun. Von einer Generation zur anderen. Wieviel Erde
brauchen unsere Kinder, Enkelkinder und Tiere?
Ich klage an.

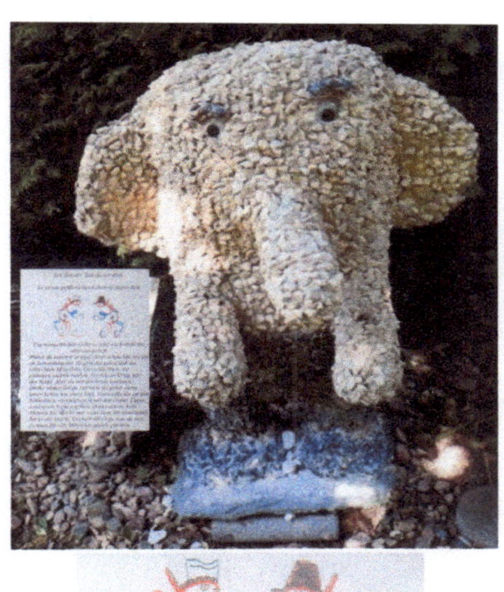

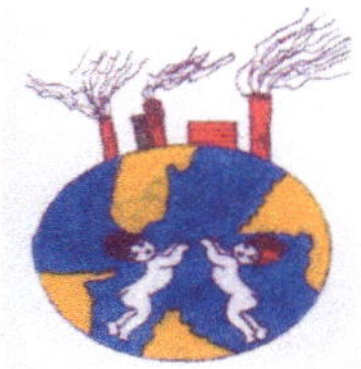

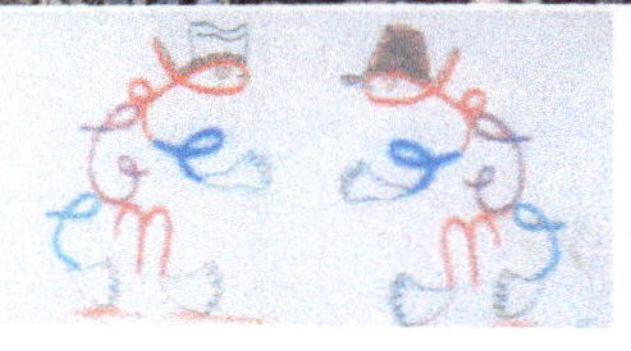

*Schön, das du mich besuchst. Ich hoffe wir werden Freunde.
Wir Menschen rauben und vergiften diesen schönen Planet
Erde. Durch die Raffgier! Wir haben Atommüll, mit dem wir
nicht wissen wohin. Viele Müllhalden, Gifte im Meer, in
Flüssen, auf Wiesen und Feldern, in unseren Lebensmitteln.
Waldsterben, Luftverschmutzung. Wissen wir Menschen nicht*

Die Eltern wissen nicht was sie ihren Kindern immer wieder
antun. Von einer Generation zur anderen. Wieviel Erde
brauchen unsere Kinder, Enkelkinder und Tiere?
Ich klage an.

*was wir damit anrichten? Dieser Planet Erde ist unser
Zuhause. Ohne ihn gibt es kein Leben und keine Liebe.
Mein Freund, ich hoffe nun du hast erkannt, was mit unserem
schönen Planet Erde geschieht. Wenn ja, bist du es deinen
Kindern schuldig, ihren Lebensraum zu retten.*

Die Eltern wissen nicht was sie ihren Kindern immer wieder
antun. Von einer Generation zur anderen. Wieviel Erde
brauchen unsere Kinder, Enkelkinder und Tiere?
Ich klage an.

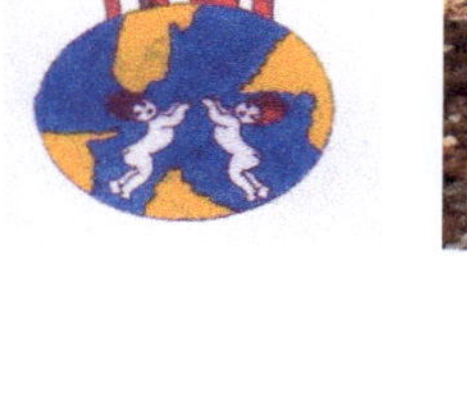

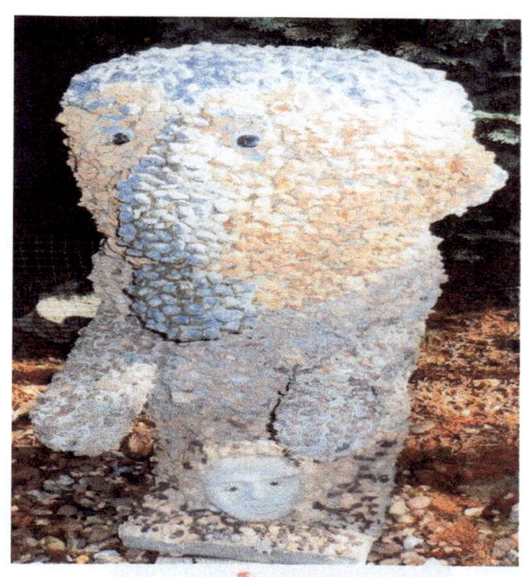

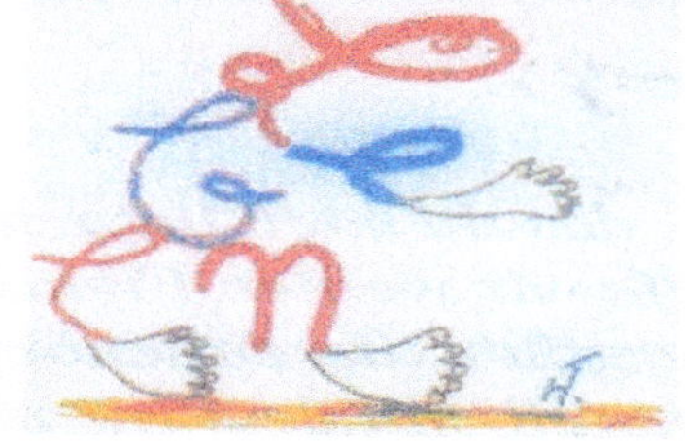

*Wenn das Leben eine Begabung schenkt. Muss du sie weiter
geben an alle Menschen. Du darfst dich nicht davon
bereichern.*

Es ist ein Geschenk des Lebens.

Die Eltern wissen nicht was sie ihren Kindern immer wieder
antun. Von einer Generation zur anderen. Wieviel Erde
brauchen unsere Kinder, Enkelkinder und Tiere?
Ich klage an.

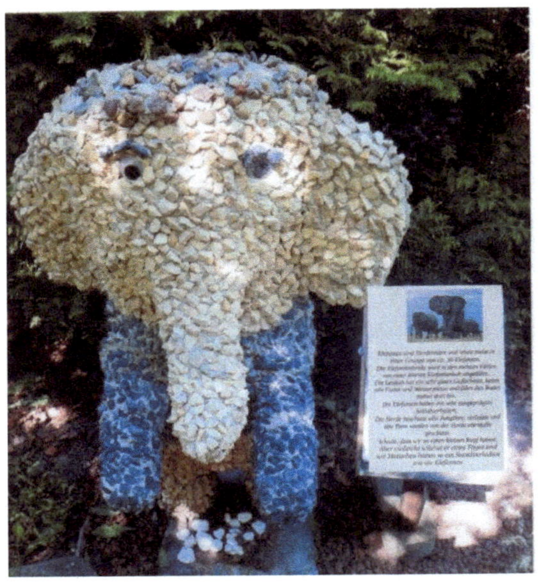

*Elefanten sind Herdentiere und leben meist in einer Gruppe
von ca. 30 Elefanten. Die Elefantenherde wird in den meisten
Fällen von einer älteren Elefantenkuh angeführt. Die Leitkuh
hat ein sehr gutes Gedächtnis, kennt alle Futter und
Wasserplätze und führt das Rudel immer dort hin. Die
Elefanten haben ein sehr ausgeprägtes Sozialverhalten. Die
Herde beschützt alle Jungtiere, verletzte und alte Tiere werden
von der Herde ebenfalls geschützt. Schade, dass wir so einen
kleinen Kopf haben. Aber vielleicht wächst er eines Tages und
wir Menschen haben so ein Sozialverhalten wie die Elefanten.
Durch deinen Besuch im Zoo unterstützt du das Elend und die*

Die Eltern wissen nicht was sie ihren Kindern immer wieder
antun. Von einer Generation zur anderen. Wieviel Erde
brauchen unsere Kinder, Enkelkinder und Tiere?
Ich klage an.

*Gefangenschaft aller Tiere. Du möchtest ja auch frei sein.
Warum nicht die Tiere. Man kann ja auch die Tiere in großen
Gehege bringen, wo sie frei laufen können.
Helfe mit den Tieren die Freiheit zu geben, wo sie ein Art
gerechtes Leben führen können.*

Die Eltern wissen nicht was sie ihren Kindern immer wieder antun. Von einer Generation zur anderen. Wieviel Erde brauchen unsere Kinder, Enkelkinder und Tiere?

Ich klage an.

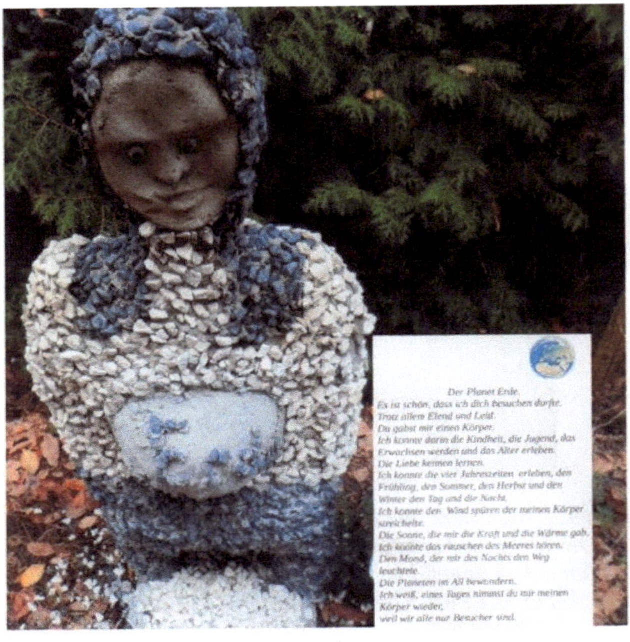

Der Planet Erde.
Es ist schön, dass ich dich besuchen durfte. Trotz allem Elend und Leid. Du gabst mir einen Körper. Ich konnte darin die Kindheit, die Jugend, das Erwachsen werden und das Alter erleben. Die Liebe kennen lernen. Ich konnte die vier Jahreszeiten erleben, den Frühling, den Sommer, den Herbst und den Winter den Tag und die Nacht. Ich konnte den Wind spüren der meinen Körper streichelte. Die Sonne, die mir die

Die Eltern wissen nicht was sie ihren Kindern immer wieder
antun. Von einer Generation zur anderen. Wieviel Erde
brauchen unsere Kinder, Enkelkinder und Tiere?
Ich klage an.

*Kraft und die Wärme gab. Ich konnte das rauschen des Meeres
hören. Den Mond, der mir des Nachts den Weg leuchtete.
Die Planeten im All bewundern.
Ich weiß, eines Tages nimmst du mir meinen Körper wieder,
weil wir alle nur Besucher sind.*

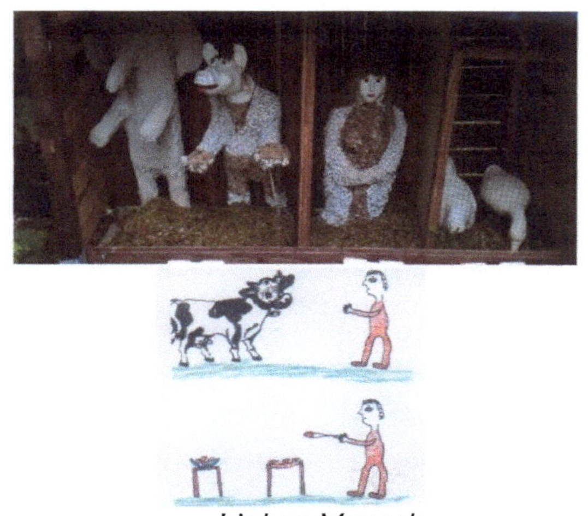

Lieber Mensch.
*Ich gebe dir mein Produkt Milch, daraus kannst du alles
machen. Butter, Käse, Kartoffelbrei, Kuchen, Milchreis,
Pfannkuchen, Jogurt, Sahne u.s.w. Aber ich glaube, du willst
mich ganz haben. Hallo Mensch. Möchtest du so leben wie die
Tiere hinter Gitter? Wenn nicht helfe es zu ändern. Esse
weniger Fleisch. Bei jeden Biss den du machst, leidet das Tier.
Massen-Tierhaltung muss verboten werden. Die Tiere leiden.
Reklame für Fleisch muss verboten werden, es ist leben.*

Die Eltern wissen nicht was sie ihren Kindern immer wieder
antun. Von einer Generation zur anderen. Wieviel Erde
brauchen unsere Kinder, Enkelkinder und Tiere?
Ich klage an.

*Helfe mit den Tieren die Freiheit zu geben, wo sie ein Art
gerechtes Leben führen können. Kaufe dein Fleisch nur da, wo
die Tiere Artgerecht gehalten werden. Helfe mit den Tieren ein
anständiges Leben zu geben.*
Nur Eltern können etwas ändern, weil sie ihre Kinder lieben.
*Helfe mit den Tieren die Freiheit zu geben, wo sie ein Art
gerechtes Leben führen können.*
*Kaufe dein Fleisch nur da, wo die Tiere Artgerecht gehalten
werden.*

Die Eltern wissen nicht was sie ihren Kindern immer wieder antun. Von einer Generation zur anderen. Wieviel Erde brauchen unsere Kinder, Enkelkinder und Tiere?
Ich klage an.

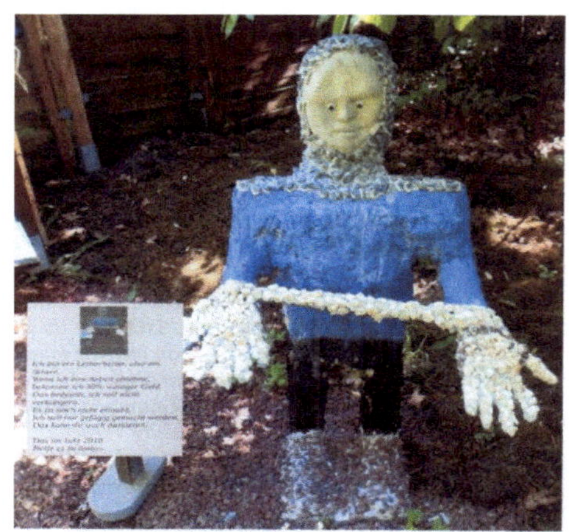

Ich habe keine Zukunft.

Ich bin Leiharbeiter geworden. Ich werde einfach verlieren, ohne Mitbestimmung. Ich muss das tun was andere von mir verlangen. Man hat mir meinen Willen genommen. Ich bin ein Sklave geworden. Deutschland war eine lose Form von Kleinstaaten. In Preussen wurde 1799 die Leibeigenschaft der Domänebauern aufgehoben. Für den Rest der Bauern, die der Erbuntertänigkeit unterworfen waren, wurde die Leibeigenschaft erst 1807 abgeschafft. In Sachsen 1832, in den anderen Gliedstaaten des Deutschen Bundes: Kurfürstentum Hessen (1832), Baden (1833), Braunschweig (1834), Großherzogtum Hessen (1836), Hannover (1840), Württemberg (1848), Bayern (1848), Preußen (1850) und das Kaiserreich Österreich (1850). Oh Eltern was habt ihr mir angetan! Warum habt ihr zugelassen, dass die Sklaverei wieder

Die Eltern wissen nicht was sie ihren Kindern immer wieder antun. Von einer Generation zur anderen. Wieviel Erde brauchen unsere Kinder, Enkelkinder und Tiere?
Ich klage an.

eingeführt wurde? Man sagt: ein Volk hat den Verdienst, den sie gewählt haben. Aber ich bin doch euer Kind, habe ich die Sklaverei verdient? Aber vielleicht denkst du anders und willst uns helfen. Aber denke daran, du hast nur dieses Leben.
Ich bin ein Leiharbeiter, ein Sklave?
Wenn ich eine Arbeit ablehne, bekomme ich 30% weniger. Ich soll nicht verhungern. Es ist noch nicht erlaubt. Ich soll nur gefügig gemacht werden. Das kann dir auch passieren. Helfe es zu ändern. Man will das Elend ja nicht abschaffen und den Menschen helfen. Nein, das will man nicht. Dafür gibt man lieber viele Milliarden aus. Wo kämen wir da hin, keine Armut mehr auf dieser Welt. Die Armut wird immer größer auf dieser Welt. Warum habt ihr zugelassen, dass die Sklaverei wieder eingeführt wurde? Aber ich bin doch euer Kind, habe ich die Sklaverei verdient? Komisch ist, wenn Tiere gequält werden, dann regt ihr euch auf, was ja richtig ist. Tierquälerei ist verboten. Was man mit mir macht, ist menschliche Quälerei und seelsiche Folter. Man hat mich arbeitslos gemacht. Nun muss ich alles machen: Leiharbeit, Zeitarbeit, Hartz vier. Ich habe keine Zukunft mehr. Man hat mich unschuldig verurteilt. Warum können Tiere und Menschen nicht gleich behandelt werden? Die noch Arbeit haben schauen zu, sie fühlen sich sicher. Aber das ist nur ihr Traum.
Aber vielleicht denkst du anders und willst uns helfen.
Aber denke daran, du hast nur dieses Leben.
Ich bin ein Leiharbeiter, ein Sklave?

Die Eltern wissen nicht was sie ihren Kindern immer wieder
antun. Von einer Generation zur anderen. Wieviel Erde
brauchen unsere Kinder, Enkelkinder und Tiere?
Ich klage an.

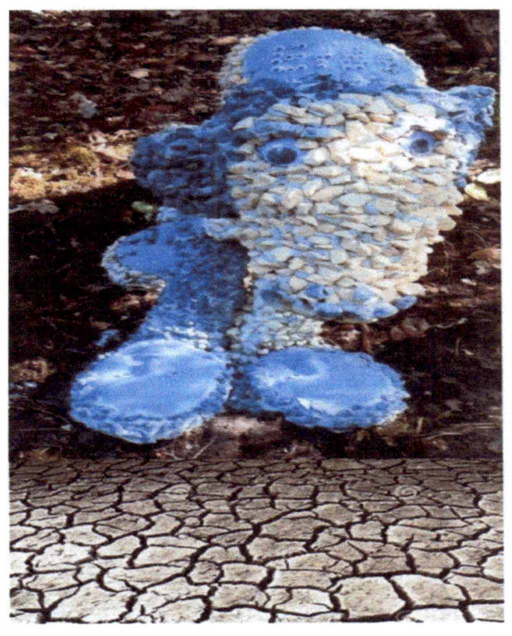

Die Armut ist gekommen.
Sie hat sich das genommen was ihr zusteht.
Nun sind alle Menschen gleich, ihnen geht es gut. Aber viele
Menschen sind unglücklich. Sie werden einfach nicht damit
fertig, dass jetzt alle gleich sind.
Das ist mein Traum.
Was ist denn dein Traum?
Aber auch die Dürre ist gekommen. Durch die Unvernunft der
Menschen.

Die Eltern wissen nicht was sie ihren Kindern immer wieder
antun. Von einer Generation zur anderen. Wieviel Erde
brauchen unsere Kinder, Enkelkinder und Tiere?
Ich klage an.

*Sie verwüsten den ganzen Planet Erde. Sie leben in ihrem
Konsumrausch weiter. Die Masse der Menschen wollen nur
leben. Sie benutzen ihr Gehirn nur zum denken aber nicht zum
handeln. So sind wir Menschen, wir wollen alles erleben. Dann
handeln wir erst.*
Wir verstehen es nicht dass drei Dinge zusammengehören.
Der Planet Erde, die Tiere und der Mensch.

Die Eltern wissen nicht was sie ihren Kindern immer wieder
antun. Von einer Generation zur anderen. Wieviel Erde
brauchen unsere Kinder, Enkelkinder und Tiere?
Ich klage an.

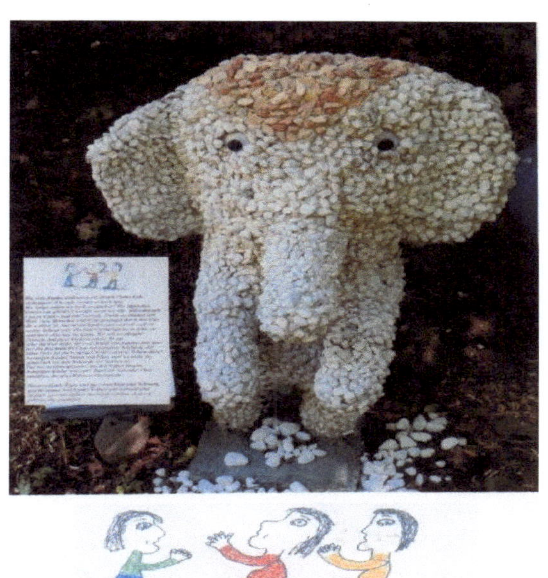

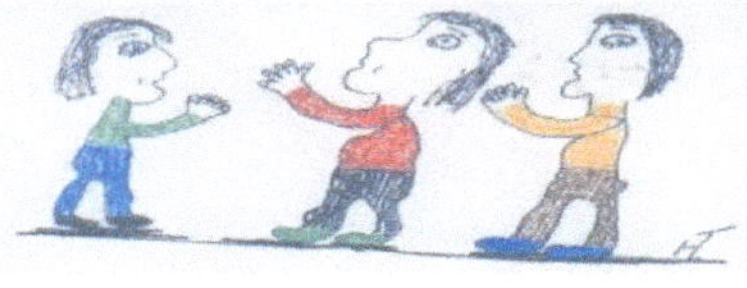

*Wie viele Kinder sind schon auf diesem Planet Erde
verhungert? Wie viele werden es noch sein? Wie lange wollen
wir noch weggucken? Wir Menschen können nur glücklich
werden, wenn wir alle mitbestimmen. Unsere Kinder sind sehr
wertvoll. Durch sie entsteht erst Wert. Viele Menschen sind
blind geworden durch ihre Gier, die wertlos ist. Nur unsere
Kinder sind wertvoll, weil sie unsere Zukunft sind. Die Eltern
brauchen sie im Alter, sie sind dann alles was sie haben. Wer
soll sie pflegen? Deshalb sind diese Kinder wertvoll für uns.*

Die Eltern wissen nicht was sie ihren Kindern immer wieder
antun. Von einer Generation zur anderen. Wieviel Erde
brauchen unsere Kinder, Enkelkinder und Tiere?
Ich klage an.

*Aber die Gier denkt, dass wir Armen alle wertlos sind, dass
nur der Reichtum Wert hat. Ein nutzloser Reichtum, der keine
Liebe für die hungrigen Kinder zulässt. Tränen dieser
hungrigen Kinder, Mütter und Väter, stört sie nicht, sie
gehorchen nur dem Reichtum. der wertlos ist. Der hat sie
blind gemacht. Aus den Tränen unserer hungrigen Kinder wird
eines Tages ein reißender Fluss entstehen, der alles Wertlose
hinwegreißt. Dieser reißende Fluss wird der Menschheit eine
Warnung sein für immer, weil Kinder Tränen sehr wertvoll
sind. Deshalb lasst uns endlich die Hände reichen, denn wir
gehören alle zusammen.*

Die Eltern wissen nicht was sie ihren Kindern immer wieder
antun. Von einer Generation zur anderen. Wieviel Erde
brauchen unsere Kinder, Enkelkinder und Tiere?
Ich klage an.

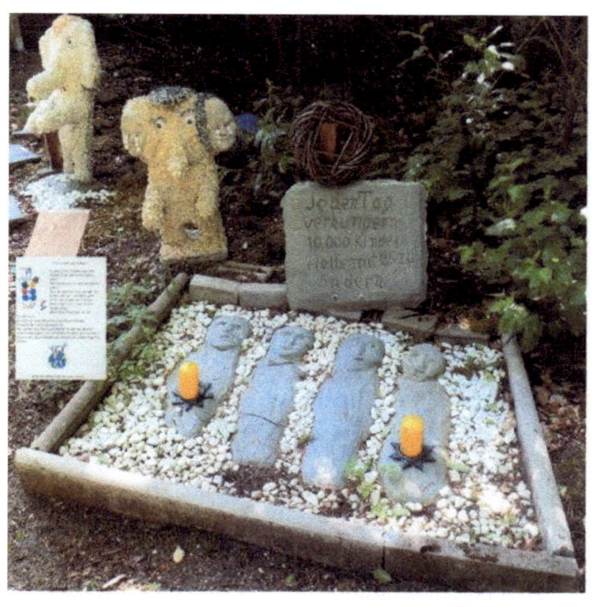

Jeden Tag verhungern 10 000 „Kinder" auf dem Planet Erde.
Auch diese Mütter und Väter weinen um ihre Kinder.
Helfe mit es zu ändern.

Die Eltern wissen nicht was sie ihren Kindern immer wieder antun. Von einer Generation zur anderen. Wieviel Erde brauchen unsere Kinder, Enkelkinder und Tiere?
Ich klage an.

Die Straße des Lebens.

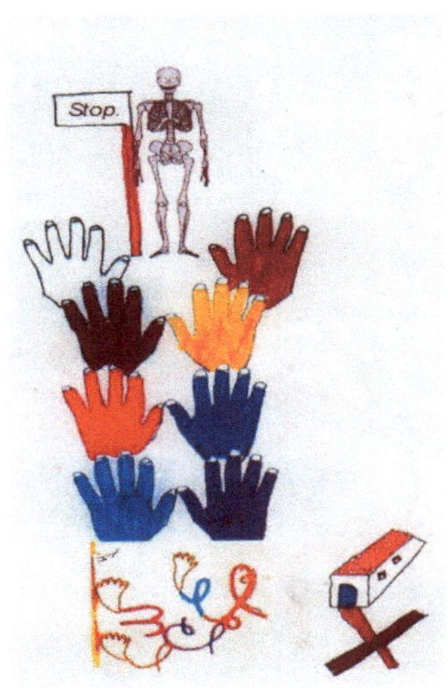

Es gibt viele Straßen auf dem Planet Erde, die nach Hause führen. Man kann sie vor und rückwärts gehen. Aber es gibt nur eine Straße im Leben, die nur vorwärts geht. Es ist die Straße des Lebens. Wenn man Glück hat, ist die Straße lang. Wenn man Pech hat, ist sie kurz. Es sind so viele Menschen auf dieser Straße, freundliche und unfreundliche. Wir sollten uns doch auf dieser Straße die Hände geben und sagen: wir schließen Frieden miteinander, da wir alle diese Straße nur einmal im Leben begehen dürfen.

Die Eltern wissen nicht was sie ihren Kindern immer wieder
antun. Von einer Generation zur anderen. Wieviel Erde
brauchen unsere Kinder, Enkelkinder und Tiere?
Ich klage an.

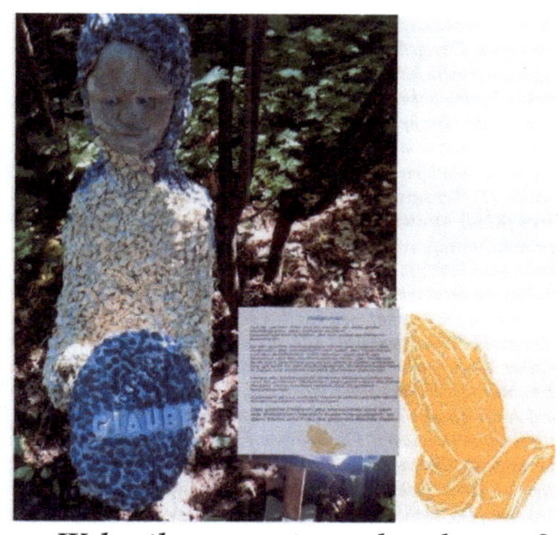

Auf der ganzen Welt gibt es weniger als zehn große
Weltreligionen, aber mehrere tausend
Glaubensgemeinschaften, die sich selbst als Religion
bezeichnen. Zu den großen Weltreligionen zählen alle Experten
das Judentum, das Christentum, den Islam, den Hinduismus
und den Buddhismus. Viele rechnen auch noch den Taoismus
und den Konfuzianismus hinzu. Der Taoismus heißt auch
Daoismus und ist vor allem in China verbreitet. Das gilt auch
für den Konfuzianismus. Er kommt außerdem in Japan und
anderen Ländern des fernen Ostens vor. Neben den
Weltreligionen sprechen Wissenschaftler von rund 30
„größeren" Religionen. Dazu gehört auch die Bahai-Religion.
Hinzu kommen weitere rund 30 größere Naturreligionen.
Außerdem gibt es mehrere Tausend kleine und sehr kleine

Die Eltern wissen nicht was sie ihren Kindern immer wieder
antun. Von einer Generation zur anderen. Wieviel Erde
brauchen unsere Kinder, Enkelkinder und Tiere?
Ich klage an.

*Religionsgruppen und Strömungen. Das größte Problem der
Menschheit wird sein alle Religionen friedlich
zusammenzufügen, so dass Mann und Frau die gleichen Rechte
haben. 1919 kam in Deutschland ein Gesetz heraus, dass alle
die in der Kirche sind Kirchensteuer zahlen müssen.
Die Kirchen haben viele Reichtümer. Wenn ich in der Kirche
bin lasse ich es zu, dass viele Menschen verhungern. § 176
Sexueller Missbrauch von Kindern. (1) Wer sexuelle
Handlungen an einer Person unter vierzehn Jahren (Kind)
vornimmt, oder an sich von dem Kind vornehmen lässt, wird
mit Freiheitsstrafe von sechs Monaten bis zu zehn Jahren
bestraft. (2) Ebenso wird bestraft, wer ein Kind dazu bestimmt,
dass es sexuelle Handlungen an einem Dritten vornimmt oder
von einem Dritten an sich vornehmen läßt. Was hat man mit
den Kirchendienern, die die Kinder missbraucht haben
gemacht? Die hat die Kirchendiener versetzt! Die Politiker
haben einen Arbeitskreis im Leben gerufen, die dann
verhandelt haben, was den ehemaligen Kindern an
Schmerzensgeld zusteht. Das wars! Jesus hat alle Kinder
geliebt. Warum ist das bei den Gottesvertretern anders? Die
heiligen Kirchendiener, das ist ein Beruf wie jeder andere.
Aber wenn ein normaler Mann Kind missbraucht, was dann,
hätten wir dann auch geschwiegen? Nein, der wäre ins
Gefängnis gekommen. Die katholische Kirche ist ein
Unternehmen. Sie verbietet seinen Angestellten zu heiraten.
Eigentlich sind die Priester u.s.w. Angestellte des Staates. Sie
beziehen ja ihren Lohn von unseren Steuern. Wo ist dann da*

Die Eltern wissen nicht was sie ihren Kindern immer wieder
antun. Von einer Generation zur anderen. Wieviel Erde
brauchen unsere Kinder, Enkelkinder und Tiere?
Ich klage an.

*die Frauenquote? Warum lassen die Politiker das alles zu?
Sind nach dem Gesetz nicht alle Menschen gleich zu
behandeln? Was ist das für eine Demokratie? Auch wir alle
lassen das zu. Ja, so ist das mit dem Glauben. Er lässt nichts
Neues zu. Das war vor 2019 Jahren. Das ist heute noch bei den
Gläubigen im Kopf. Da ist mit nachdenken nichts drin. Achtzig
Prozent der Menschen auf dem Planet Erde, nach einer
Statistik glauben. Der Glaube hat sie voll im Griff. Ihr Gehirn
lässt mit der Zeit nichts anderes mehr zu, ihr Denken dreht sich
nur noch um den Glauben. Wenn sie ein Haus des Glaubens
betreten, geht ihr erster Blick nach oben und nach vorne. Wir
sind beeindruckt und sind glücklich und zufrieden. In den
Gotteshäusern, sind sie alle gleich, da gibt es keine Arme,
Reiche, kein Kaiser, kein Papst, kein Präsident, keine
Kindesmisshandlung, keine Dummen, keine Schlauen, kein
Krieg, usw. Dass das draußen anders ist, das drücken sie in
ihrem Gehirn weg. Sie vergessen schnell, dass ihr Hirn nicht
nur zum Denken da ist. Sondern auch zum Handeln. Unser
Gehirn ist sehr leistungsfähig. Wir nutzen nur einen kleineren
Teil unseres Gehirnes. Das ist unser Problem. Andere haben
das erkennt und benutzen es. Deshalb wollen viele den
Glauben im Unterricht einführen, bei den Kindern, so dass sie
den Glauben schon früh genug im Kopf ihres Gehirns haben.
Die Alten sterben ja mal, dann brauchen sie Nachwuchs. Wenn
wir Menschen nicht mehr weiter wissen, suchen wir nach einer
anderen Macht. Wir fangen an zu beten, auch wenn diese
Macht uns nicht hilft. Aber wir verzeihen ihr. Nun haben wir*

Die Eltern wissen nicht was sie ihren Kindern immer wieder
antun. Von einer Generation zur anderen. Wieviel Erde
brauchen unsere Kinder, Enkelkinder und Tiere?
Ich klage an.

*Menschen eine Entschuldigung. Mit der Zeit fangen wir an,
diese Macht zu lieben. Wir Menschen müssen uns selber helfen
und eine große Familie werden. Dann brauchen wir keine
Macht die uns sowieso nicht helfen kann.*
Wir sind ganz alleine auf diesem Planet Erde.

Die Eltern wissen nicht was sie ihren Kindern immer wieder
antun. Von einer Generation zur anderen. Wieviel Erde
brauchen unsere Kinder, Enkelkinder und Tiere?
Ich klage an.

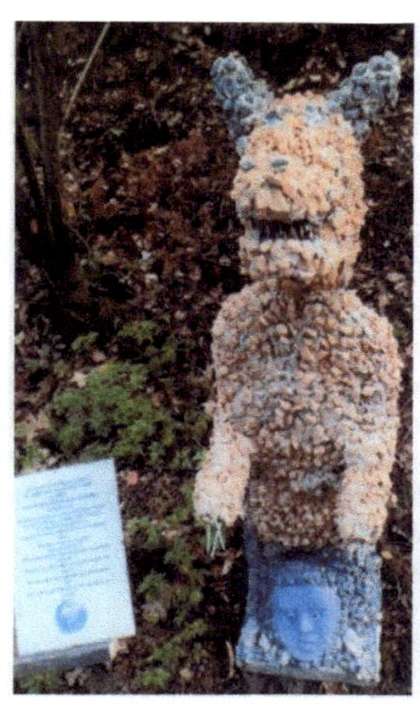
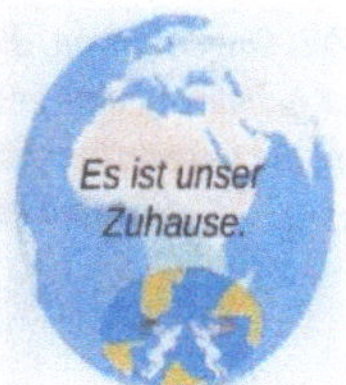

Wir brauchen ein neues Denken.
Wir sollten alle versuchen in Frieden zu leben. Von diesem
Planet kommt keiner lebend raus. Deshalb verstehe ich einige
Menschen nicht. Sie führen Kriege, zerstören die Umwelt.
Sie häufen Reichtümer an. Dadurch müssen viele Menschen in
Elend leben. Für wen machen sie das? Versteht du das?
Wir sollten diesen Planet pflegen für unsere Kinder.
Würdes du dein Haus zerstören in dem du lebst?
Wir sind alle nur Besucher für eine kurze Zeit.
Wir haben kein Recht den Planet Erde zu zerstören.

Nur Eltern können etwas ändern, weil sie ihre Kinder lieben.

Die Eltern wissen nicht was sie ihren Kindern immer wieder
antun. Von einer Generation zur anderen. Wieviel Erde
brauchen unsere Kinder, Enkelkinder und Tiere?
Ich klage an.

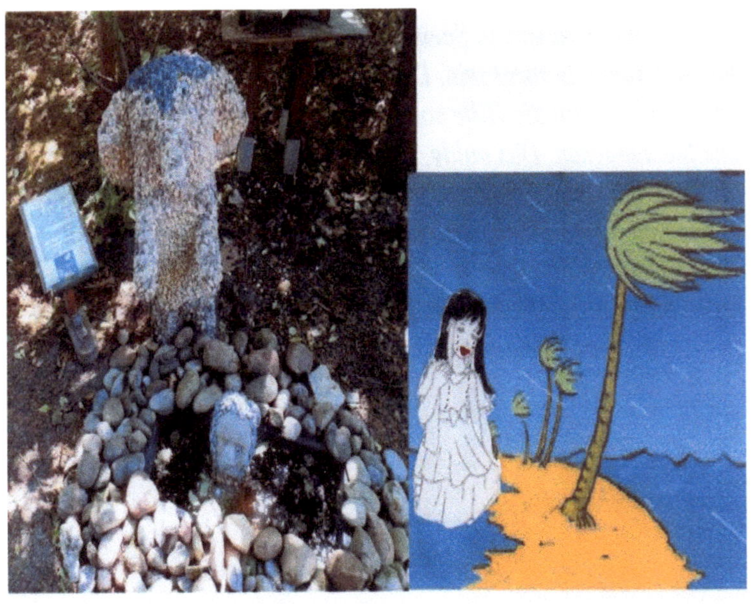

*Ein kleines Mädchen steht auf einer Insel die langsam im Meer
versinkt. Sie singt. Die Tränen laufen ihr die Wangen hinunter.
„Oh Liebe Eltern, was hast ihr getan? Meine Insel versinkt
langsam ins Meer, es ist doch mein Zuhause, meine Heimat,
versteht ihr das nicht? Oh Liebe Eltern, ihr habt nicht das
Recht den Planet Erde zu vernichten, er gehört auch uns
Kindern. Oh Liebe Eltern, warum versteht ihr das nicht, ich
bin doch noch ein Kind. Ihr seit nur Besucher. Oh Liebe Eltern,
was habt ihr getan, ist eure Gier so groß, dass ich meine
Kindheit nicht erleben darf? Oh Liebe Eltern, wir haben doch*

Die Eltern wissen nicht was sie ihren Kindern immer wieder antun. Von einer Generation zur anderen. Wieviel Erde brauchen unsere Kinder, Enkelkinder und Tiere?
Ich klage an.

nur diesen einen Planeten Erde. Keiner kann von diesem Planeten weglaufen, auch ihr nicht" Das Kind versank langsam mit der Insel im Meer. Man hörte nur noch wie sie rief: oh Liebe Eltern!
Wir Menschen werden es erst verstehen, wenn wir mit dem Hals im Wasser stecken. Auch in Deutschland ist der Klimawandel schon angekommen.Gesundheit: Gefährliche neue Seuchen, tödliche Fieber, neue Krankheiten, Malaria und Syphillis. Tropische Mückenarten fassen auch in Deutschland Fuß, hoch allergene Pflanzen breiten sich aus, aggressive Bakterien lauern in Speisen und im Trinkwasser. Jeder sollte um seine Gesundheit besorgt sein. Die neue Bedrohung ist winzig klein, und man braucht schon die Hilfe von Experten, um sie zu erkennen: Exotische Stechmücken. Das milde, regenreiche Klima begünstigt ihre Verbreitung. Tropische Infektionskrankheiten-jetzt auch in Deutschland. Etwas 50 verschiedene Mückenarten sind inzwischen in Deutschland heimisch. In Deutschland werden jedes Jahr 70 Millionen Euro für Deichreparaturen ausgegeben. Das Meer frisst sich ins innere des Landes.

An dem Klimawandel sind wir alle mitschuldig.

Die Eltern wissen nicht was sie ihren Kindern immer wieder antun. Von einer Generation zur anderen. Wieviel Erde brauchen unsere Kinder, Enkelkinder und Tiere?

Ich klage an.

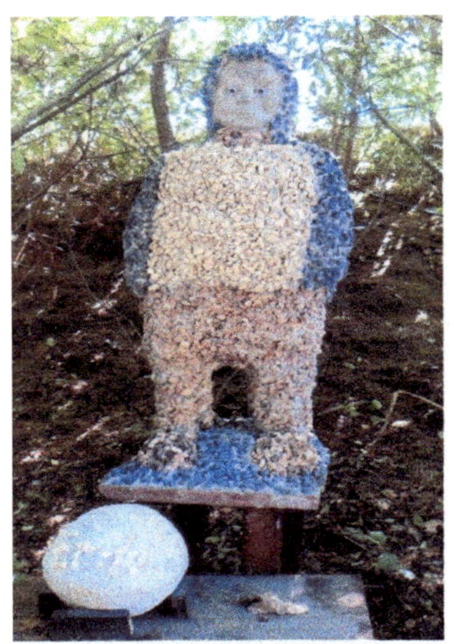

Der Mensch, das seltsame Wesen.
Der Planet Erde.

Seit rund 4,6 Milliarden Jahren bewegt sich dieser Planet durch den Weltraum. Vor rund 3,5 Milliarden Jahren tauchten die ersten Fossilien auf, die ein Leben auf der Erde beweisen. Vor 420 Millionen Jahren besiedeln erste Fische die Meere, die ersten echten Säugetiere entwickeln sich vor rund 195 Millionen Jahren. Bis dahin war alles gut. Dann kam der Menschen, er verwüstete den ganzen Planet Erde. Es war ihm nicht bewusst, dass man ohne diesen schönen Planet Erde nicht leben konnte.

In ein paar Jahren wird der Meeresspiegel um 60 cm Meter steigen.

Die Eltern wissen nicht was sie ihren Kindern immer wieder
antun. Von einer Generation zur anderen. Wieviel Erde
brauchen unsere Kinder, Enkelkinder und Tiere?
Ich klage an.

*Viele Inseln werden versinken im Meer. Wir holzen die Wälder
ab, dadurch gibt es weniger Sauerstoff, den wir aber zum leben
brauchen. Die Natur und die Tiere betrachten wir als Natur.
Aber wir behandeln sie schlecht.
Wir vergiften unsere Tiere, Meere, Wiesen, Felder, die Luft. Wir
behandeln den Planet Erde als große Müllhalde. Wir müssen
verstehen wenn ich der Natur schädige, schädige ich mich
selbst.
Der Erde ist es egal, ob wir sie retten. Wir Menschen müssen
gerettet werden. Der Planet Erde ist unser Zuhause.
Nur Eltern können etwas ändern, wenn sie ihre Kinder lieben.*

Die Eltern wissen nicht was sie ihren Kindern immer wieder
antun. Von einer Generation zur anderen. Wieviel Erde
brauchen unsere Kinder, Enkelkinder und Tiere?
Ich klage an.

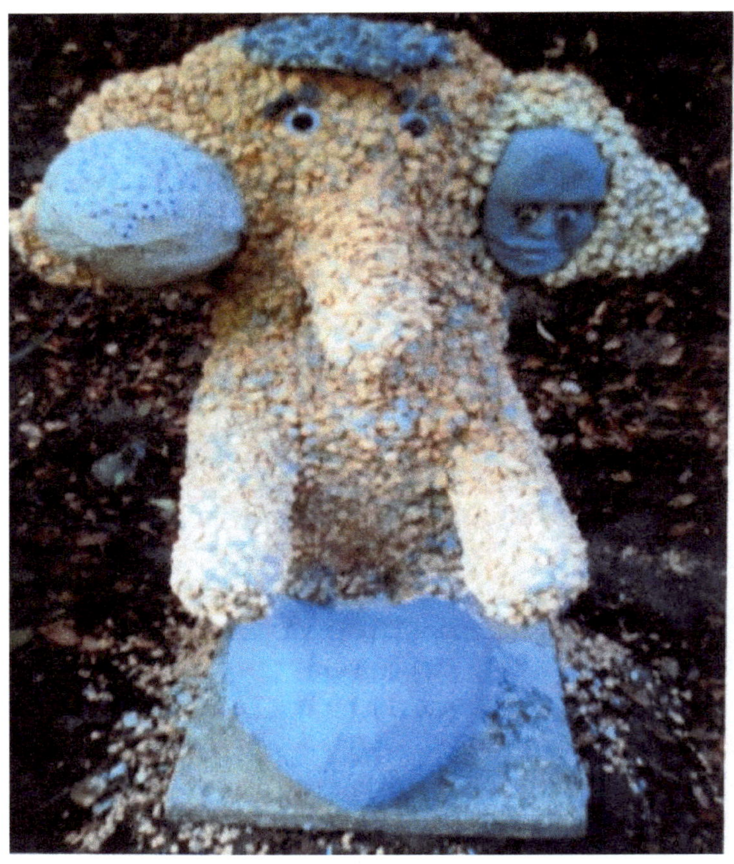

Mein Herz für die Rettung der Erde.
Weil wir alle nur Besucher sind.

Die Eltern wissen nicht was sie ihren Kindern immer wieder
antun. Von einer Generation zur anderen. Wieviel Erde
brauchen unsere Kinder, Enkelkinder und Tiere?
Ich klage an.

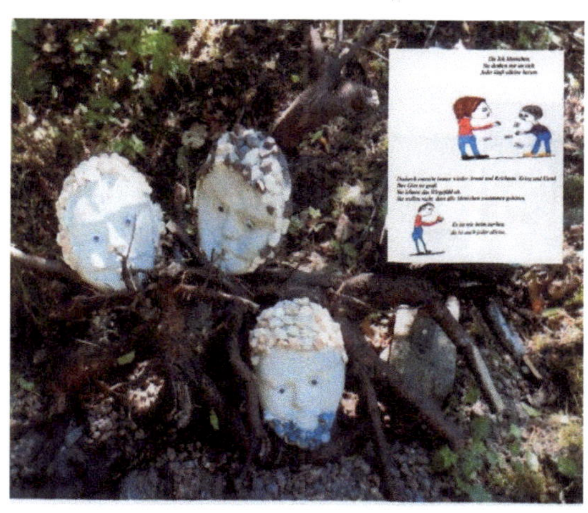

Die Ich Menschen.
Sie denken nur an sich.
Jeder läuft alleine herum.
Dadurch entsteht immer wieder Armut und Reichtum, Krieg
und Elend. Ihre Gier ist groß.
Sie lehnen das Wirgefühl ab.
Sie wollen nicht, dass alle Menschen zusammen gehören.

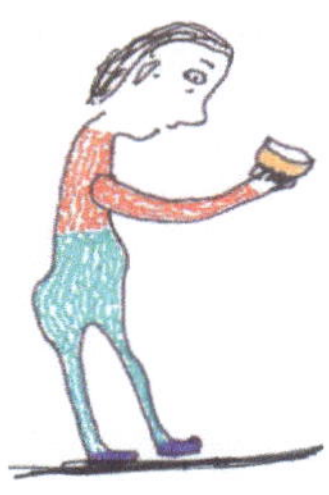

Es ist wie beim sterben,
da ist auch jeder alleine.

Die Eltern wissen nicht was sie ihren Kindern immer wieder
antun. Von einer Generation zur anderen. Wieviel Erde
brauchen unsere Kinder, Enkelkinder und Tiere?
Ich klage an.

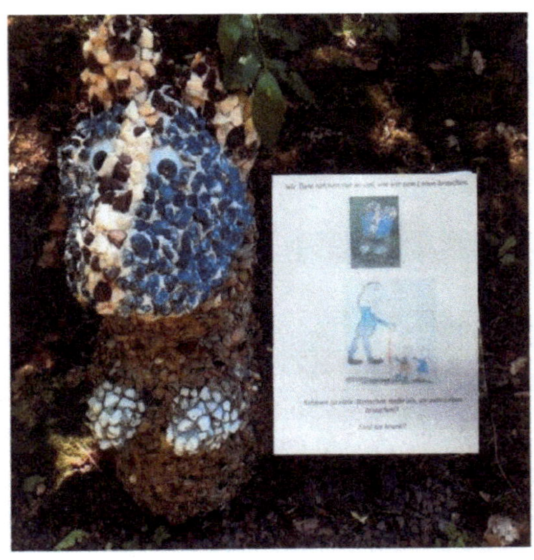

Wir Tiere nehmen nur so viel, wie wir zum Leben brauchen.
Warum nehme so viele Menschen mehr als, sie zum Leben
brauchen?
Sind sie krank?

Die Eltern wissen nicht was sie ihren Kindern immer wieder
antun. Von einer Generation zur anderen. Wieviel Erde
brauchen unsere Kinder, Enkelkinder und Tiere?
Ich klage an.

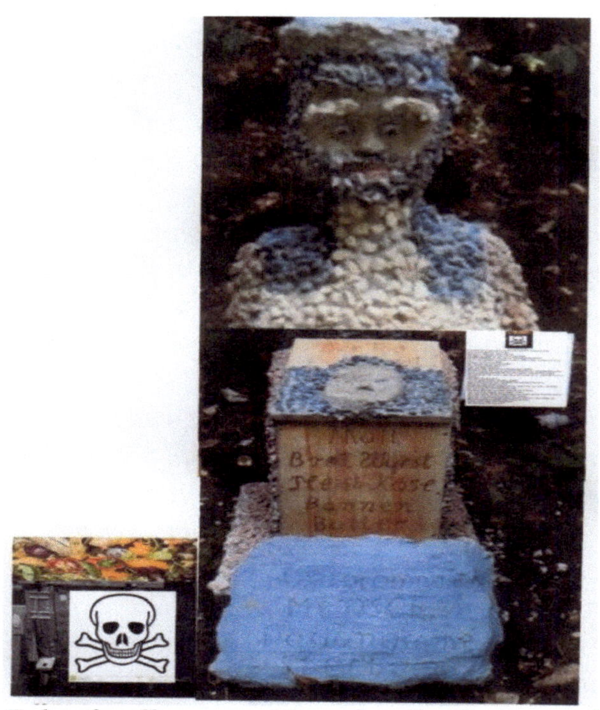

*In Zukunft sollen arme Menschen ihr Essen aus dem Container
holen. Das kann Krankheiten hervorrufen! Diese armen
Menschen leben unter uns. Wir treffen sie überall draußen in
den Geschäften. Vielleicht bekommen wir alle mal eine
Volkskrankheit dadurch? Nur bei dem Gedanken ich müsste zu
dem Container gehen und mir mein Essen holen, ist ist mir
schon ekelig. Wie kann man das noch befürworten? Was sind
das bloß für Menschen? Sogar Verbände sind dafür! Man*

Die Eltern wissen nicht was sie ihren Kindern immer wieder
antun. Von einer Generation zur anderen. Wieviel Erde
brauchen unsere Kinder, Enkelkinder und Tiere?
Ich klage an.

*sollte allen Verbänden die Unterstützung streichen. Für dieses
Geld sollte man für die armen Menschen ein Grundeinkommen
geben. Es wir in Zukunft nicht mehr für alle Arbeit geben,
durch die neue Technik. Wir sind doch so ein reiches Land,
warum behandeln wir die armen Menschen so schlecht?
Was haben sie uns getan?
Auch du kannst morgen Arbeitslos werden. Dann weißt du ja
wo deine Zukunft für dich und deine Familie ist. Will du das
deinen Kindern antun?
Denke jeden Tag daran, morgen kann die Armut schon vor
deiner Tür stehen.
Auch wenn du das nicht wahrhaben willst.
Die armen Menschen von heute waren auch mal Kinder. Lass
es nicht die Zukunft deiner Kinder werden. Höre nicht auf die
Menschen die wollen, dass andere aus den Container fressen.
Das sollen diese Menschen erstmal selber machen. Wenn wir
zu viel Lebensmittel haben, warum stellen wir nicht weniger
her? Muss den ein Teil der Bevölkerung in Konsum leben?
Andere sollen dafür ihren Müll fressen?
Das darf doch nicht wahr sein?*

Die Eltern wissen nicht was sie ihren Kindern immer wieder
antun. Von einer Generation zur anderen. Wieviel Erde
brauchen unsere Kinder, Enkelkinder und Tiere?
Ich klage an.

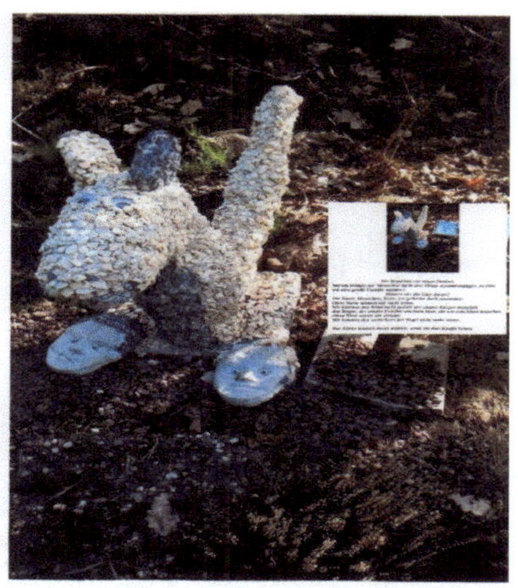

Wir brauchen ein neues Denken.
Warum können wir Menschen nicht drei Dinge
zusammenfügen, so dass wir eine große Familie werden?
Hintert uns die Gier daran?
Die Natur, Menschen, Tiere, wir gehören doch zusammen.
Ohne Natur können wir nicht leben.
Wir könnten den Wind nicht spüren der unsere Körper
streichelt den Regen, der unsere Früchte wachsen lässt, die wir
zum leben brauchen.
Ohne Tiere wären wir einsam.
Wir könnten das zwitschern der Vogel nicht mehr hören.

Nur Eltern können etwas ändern, wenn sie ihre Kinder lieben.

Die Eltern wissen nicht was sie ihren Kindern immer wieder antun. Von einer Generation zur anderen. Wieviel Erde brauchen unsere Kinder, Enkelkinder und Tiere?
Ich klage an.

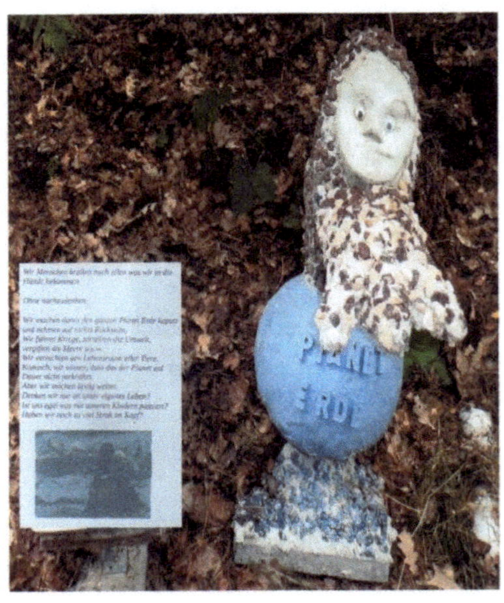

Wir Menschen krallen nach allen was wir in die Hände bekommen. Ohne nachzudenken. Wir machen damit den ganzen Planet Erde kaputt und nehmen auf nichts Rücksicht. Wir führen Kriege, zerstören die Umwelt, vergiften die Meere u.s.w. Wir vernichten den Lebensraum aller Tiere. Komisch, wir wissen, dass das der Planet auf Dauer nicht verkraftet.
Aber wir machen lustig weiter. Denken wir nur an unser eigenes Leben?
Ist uns egal was mit unseren Kindern passiert?
Haben wir noch zu viel Stroh im Kopf?

Die Eltern wissen nicht was sie ihren Kindern immer wieder
antun. Von einer Generation zur anderen. Wieviel Erde
brauchen unsere Kinder, Enkelkinder und Tiere?
Ich klage an.

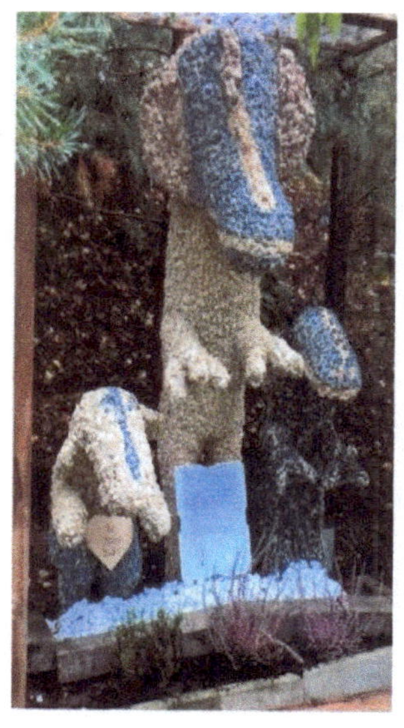 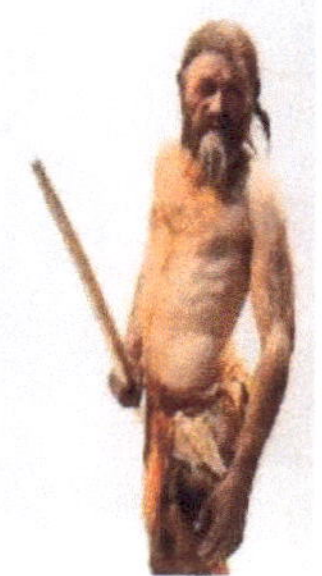

Wie schade.
Dummer Mensch.
*Wieso nehmen sich einige Menschen das Recht, mehr zu
nehmen als andere Menschen? Wann kapieren wir Menschen
endlich, dass alle Menschen die gleichen Rechte haben?
700 Millionen Kinder haben auf diesem Planet Erde keine
Kindheit. Sie leben in Elend, müssen betteln, arbeiten und
werden als Kindersoldaten eingesetzt. Sie haben keine
Kindheit. Die Tier sorgen für ihre Kinder. Was soll dieser
Machtkampf, dass einer mehr haben will als der andere?*

Die Eltern wissen nicht was sie ihren Kindern immer wieder
antun. Von einer Generation zur anderen. Wieviel Erde
brauchen unsere Kinder, Enkelkinder und Tiere?
Ich klage an.

*Wie schreiben das Jahr 2019. Wir haben heute die Technik und
sind moderner geworden. Aber unser Gehirn ist in Sachen
soziales stehen geblieben. Wir haben unsere Gier aus der
Steinzeit bis heute nicht in den Griff bekommen.
Rettet den Planet Erde für unsere Kinder.
Nur Eltern können etwas ändern, weil sie ihre Kinder lieben.*

Die Eltern wissen nicht was sie ihren Kindern immer wieder antun. Von einer Generation zur anderen. Wieviel Erde brauchen unsere Kinder, Enkelkinder und Tiere?
Ich klage an.

Wir sind alles nur Besucher auf dem Planet Erde.
.Rettet den Planet Erde für unsere Kinder. Nur Eltern können
etwas ändern, weil sie ihre Kinder lieben.

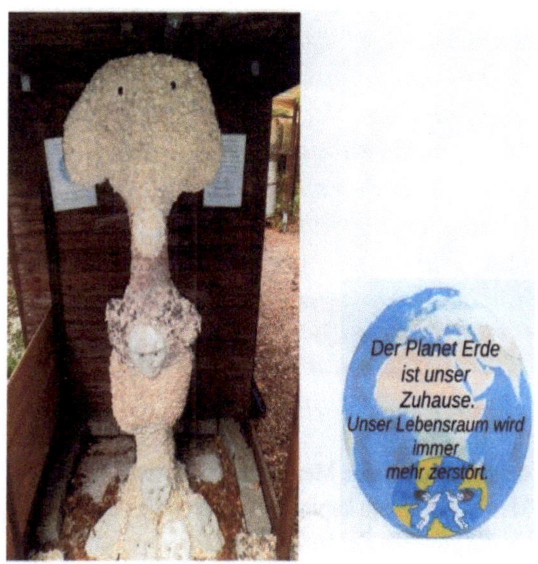

Wir wollen Leben.
Gibt uns eine Zukunft.
Nur Eltern können etwas ändern, weil sie ihre Kinder lieben.

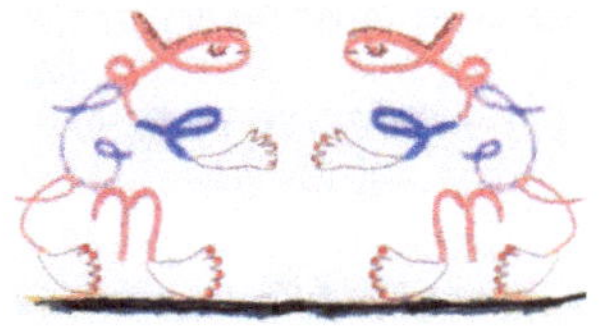

Die Eltern wissen nicht was sie ihren Kindern immer wieder
antun. Von einer Generation zur anderen. Wieviel Erde
brauchen unsere Kinder, Enkelkinder und Tiere?
Ich klage an.

*Jeder Mensch kann etwas ändern und wenn es nur seine
Gedanken sind. Wir brauchen ein neues Denken. Das Böse
wird immer verlieren, aber das Böse kehrt immer wieder
zurück. Weil die Masse der Menschen sich immer wieder
lenken lassen. Jeder Mensch ist doch für sein Leben selbst
Verantwortlich. Doch muss er auch aufpassen was andere mit
seinem Leben machen. Jeder sollte nachdenken über sein
Leben, was man nur einmal hat. Manchmal ist es schwer das
richtige Leben in Leben zu finden.
Elfon: „Vater, dieser Zweifüßler war so ganz anders, als die
anderen. Der würde uns bestimmt helfen, so dass wir wieder in
freier Natur leben könnten." Vater: „Ja Elfon, er war so ganz
anders. Vielleicht hatte er auch einen großen Kopf? Mein
Lieber Sohn, lass uns mal in die Zukunft schauen. Es gibt einen
Spiegel, da kann man in die Zukunft sehen.
Komm mal mit mir.
Geschichte.
Er: „Alina mein Liebling, es ist schlimm wie die Menschen mit
sich umgehen. Das geht schon tauende von Jahren so, Arme
und Reiche. Sie sind nicht fähig das zu ändern. Ihnen fehlt die
Intelligenz dafür. Komm mein Liebling wir gehen zu mir nach
Hause." Sie: „Ja gerne mein Liebling." Als wir bei dir zu
Hause waren gingen wir gleich ins Schlafzimmer wir waren
voller Leidenschaft. Du zogst deinen Körper nackt aus und
holtest die Gitarre. Du spieltest und sangst mir ein Lied vor.
Oh Alina mein Liebling, viele Jahre musste ich auf deine Liebe
warten, aber nun sind wir für immer zusammen mein Liebling.*

Die Eltern wissen nicht was sie ihren Kindern immer wieder
antun. Von einer Generation zur anderen. Wieviel Erde
brauchen unsere Kinder, Enkelkinder und Tiere?
Ich klage an.

*Meine Liebe gehört nur dir mein Liebling, nichts kann uns auf
diesem Planet Erde trennen. Wir beide gehören für immer
zusammen mein Liebling." Sie: „Liebling, ich war so
berauscht von deinem Gesang, dass ich mich Stückweise
auszog bis ich nackt war und mich ins Bett legte. Als du das
sahst, ließt du voller Sehnsucht nach mir die Gitarre fallen und
kamst zu mir ins Bett. Wir liebten uns Stunden lang, es war wie
im Rausch. Unsere Liebe hatte sich gefunden. Wir konnten
voneinander nicht genug bekommen. Wir waren so erschöpft,
dass unsere Körper nach Luft schnappten. Wir ruhten uns eine
Zeit aus. Wir küssten uns noch mal zärtlich und standen auf.
Oh Liebling, erinnere dich an mich, dann bist du nicht mehr so
alleine." Er: „Alina mein Liebling, ich erinnere mich an dich,
aber ohne dich bin ich so einsam mein Liebling." Sie: „Fabian
mein Liebling, ich bin doch immer bei dir in deinen Gedanken
mein Liebling. Du streichelst meinen Körper und bedankst dich
für die Liebe die ich dir geschenkt habe. Oh Fabian mein
Liebling ich war ja so glücklich. Ich habe dich dann zum essen
eingeladen, so dass du wieder zu Kräften kamst. Wir zogen uns
an und gingen in die Küche. Ich kochte dir dein
Lieblingsessen. Nudeln mit Apfelmus.Wir aßen zusammen, es
schmeckte herrlich. Wir hatten sehr viel Spaß, jeder aß von
dem anderen Teller, es war lustig, wir lachten und freuten uns.
Als wir satt waren, gingen wir noch mal in den Park. Oh
Fabian mein Liebling, erinnere dich an mich dann bist du nicht
mehr so alleine." Ich vermisse dich mein Liebling, ohne dich
bin ich so einsam." Sie: „Meine Liebling ich vermisse dich*

Die Eltern wissen nicht was sie ihren Kindern immer wieder antun. Von einer Generation zur anderen. Wieviel Erde brauchen unsere Kinder, Enkelkinder und Tiere?
Ich klage an.

auch und deine körperliche Liebe. Aber in Gedanken sind wir für immer vereint mein Liebling. Er: „Alina mein Liebling, es ist schlimm, dass die Politiker sich nicht einigen können, dass es allen Menschen gleich gut geht. Abends schauten wir zusammen Fernsehen. Die Politiker haben viel geredet was man besser machen könnte. Aber nichts geschah. Politiker sind nun mal vergesslich. Ach Alina mein Liebling, ich vermisse dich so sehr, es war so schön mit dir." Sie: „Ach Fabian Liebling, ich bin doch in deinen Gedanken, ich vermisse dich auch mein Liebling. Erinnere dich an mich, dann bist du nicht mehr so alleine." Er: „Alina Liebling, ich erinnere mich. Wir machten zusammen unseren Garten. Wir stellten unsere Lebensmittel selber her. Unsere Tiere wurden artgerecht gehalten. Wir nahmen nur das von ihnen was sie uns gaben. Wir säten unser Feld und ernteten unser Korn. Wir mahlten unsere Roggenkörner selber und backten daraus unser Brot. Ja Liebling, wir konnten uns noch selber ernähren. Ja, wir waren nicht abhängig." Sie: „Fabian mein Liebling. Eines Tages wurdest du krank. Ich hatte große Angst um dich mein Liebling. Ich holte die Gitarre und sang dir ein Lied vor. Oh Fabian mein Liebling, ich Liebe dich so sehr. Ich brauche deine Liebe, ohne sie bin ich so leer mein Liebling. Denn wir beide gehören für immer zusammen. Oh Liebling, wenn ich dich da so liegen sehe so schwach und blass, das macht mich sehr traurig. Ich bückte mich über dich, meine Tränen fielen auf dein Gesicht. Oh Liebling, hörst du nicht meine Liebesschreie? Du öffnetest die Augen und sahst mich

Die Eltern wissen nicht was sie ihren Kindern immer wieder
antun. Von einer Generation zur anderen. Wieviel Erde
brauchen unsere Kinder, Enkelkinder und Tiere?
Ich klage an.

glücklich an. Du sagtest: Oh Alina, ich hörte deine
Liebesschreie. Sie haben mich gesund gemacht mein Liebling.
Du bücktest dich und gabst mir einen Kuss auf den Mund. Ich
umarmte dich. Wir küssten uns leidenschaftlich.
Ich fühlte mich auf einmal wie neugeboren. Ich stand auf und
zog mich an. Alina mein Liebling, ich liebte dich so sehr. Wir
gingen gemeinsam in den Garten. Wir nahmen unseren
Hüpfball und hüpften durch unseren Garten. Wir waren so
fröhlich wie kleine Kinder. Wir waren überglücklich mein
Liebling, du fehlst mir sehr." Sie: „Liebling erinnere dich an
mich, dann ist der Schmerz nicht mehr so groß. Wir haben
doch eine glückliche Zeit zusammen gelebt mein Liebling." Wir
gingen in unseren Garten und pflückten unsere Früchte vom
Baum. Wir aßen sie von unserem Baum. Es war immer so
schön. Wir lachten viel zusammen. Ja, wir aßen keine
Körperteile der Tiere. Wir konnten die Schreie der Tiere nicht
mehr hören. Sie haben genauso Gefühle wie wir Menschen.
Den Ferkeln dürfen kurz nach der Geburt ohne Betäubung die
Schwänze gekürzt und die Eckzähne abgeschliffen werden.
Rinder, Schafe und Ziegen werden ebenfalls ohne Betäubung,
die Hoden herausgerissen, damit ihr Fleisch besser schmeckt.
Oh Liebling, das Babyschwein schrie so entsetzlich. Mutter,
Mutter hilf mir doch, sie schneiden mir den Schwanz ab au, au
es tut so weh. Was hast du getan Mutter, konntest du nicht mich
sterben lassen, dann müsste ich das heute nicht ertragen. Die
Menschen töten so viele Tiere, nicht dass sie das ganze
Tierfleisch brauchten. Sondern um ihren Konsum abzudecken.

Die Eltern wissen nicht was sie ihren Kindern immer wieder
antun. Von einer Generation zur anderen. Wieviel Erde
brauchen unsere Kinder, Enkelkinder und Tiere?
Ich klage an.

*Es werden jeden Tag Millionen Tonnen Tierkörperteile
weggeworfen, weil das Verfallsdatum nicht mehr stimmt. Es ist
totes Leben was wir da wegwerfen. Viele Tiere könnten noch
leben wenn wir bewusst Tierfleisch essen, oder ganz verzichten
würden. Für jedes Stück Fleisch was ich weniger esse, rette ich
ein Tierleben vor dem qualvollen Tod." Sie: „Ja Fabian mein
Liebling, die Menschen sind grausam, die Jungen, die keine
Eier legen können von Natur aus, werden lebendig in eine
Presse geworfen. Ja diese Schreie waren furchtbar. Sie schrien:
oh Mutter hilf uns doch, auch wir sind deine Kinder. Den
Kükenmädchen werden die Schnäbel gekürzt und die Fußnägel
geschnitten. Es sind qualvolle Schmerzen. Aber gegen die Gier
der Menschen kommt keiner an. Ach Liebling, auch wir beide
waren zu schwach den armen Tieren zu helfen. Liebling, wenn
wir schon mal Fleisch gekauft haben, sind wir immer zum
Bauern gegangen, der die Tiere artgerecht gehalten hat. Wenn
das alle Menschen machen würden und weniger Fleisch essen
würden, dann könnten alle Tiere ein besseres Leben führen."
Er: „ Alina mein Liebling schau mal, der Mensch reißt dem
Kuhbaby die Hoden heraus. Es schreit Mutti, Mutti helfe mir
doch. Mutter, es tut so weh. Aber die Mutter konnte die Schreie
ihres Babys nicht hören. Schau mal Liebling, der Mensch reißt
dem Babyschaf die Hoden heraus ohne Betäubung. Die Schreie
sind entsetzlich, aber keiner hört sie. Das Fleisch auf den
Tellern der Menschen müsste schreien können. Unsere Hühner
werden nicht mehr artgerecht gehalten. Sie leben in Fabriken
und werden auf dem Fließband getötet. Wir sollten nur noch da*

Die Eltern wissen nicht was sie ihren Kindern immer wieder
antun. Von einer Generation zur anderen. Wieviel Erde
brauchen unsere Kinder, Enkelkinder und Tiere?
Ich klage an.

*Fleisch kaufen, wo die Tiere tiergerecht gehalten werden.
Unsere Kühe werden nicht mehr artgerecht gehalten. Sie
stehen in Fabriken und erleben ein qualvolles Leben. Es
könnte auch deines sein. Nur wir, die diese Körperteile kaufen,
können diesen Tieren eine Chance geben und nicht die
Massenzüchter. Die wollen nur Geld, egal wie die Tiere leben.
Auch sie haben Gefühle. Unser Essen ist Tierquälerei
geworden. Für jedes Stück Fleisch das du weniger isst,
ersparst du diesen Tieren viel Leid. Unsere Gänse werden nicht
mehr tiergerecht gehalten. Sie leben in riesigen Hallen. Hier
leben Tausende von Tieren eng aufeinander. Ihr kurzes Leben
ist eine Qual für sie geworden, aber unsere Gier kennt keine
Grenzen. Unsere Schweine leben in Fabriken auf engen
Räumen. Die Tiere werden nicht artgerecht gehalten. Für jedes
Stück Fleisch das du weniger isst, befreist du diese Tiere von
ihren Qualen. Oh Herr im Himmel gib uns unser tägliches
Brot, und vergib uns unsere Gier.“ Sie: „Oh Liebling, erinnere
dich an mich, dann bist du nicht mehr so alleine. In deinen
Gedanken bin ich immer bei dir mein Liebling. Wenn wir
spazieren gingen, sahst du mich mit deinen blauen Augen so
glücklich an. Ja, sie schauten mich so hoffnungsvoll und
liebevoll an. Ach Liebling, ich liebe dich so sehr. Ach Liebling,
wir waren immer zusammen, nichts konnte uns trennen. Wir
kauften gemeinsam ein. Du suchtest mir immer die schönsten
Anziehsachen aus. Ich probierte sie an, du bewundertest
meinen schönen Körper. Du küsstest mich. Ach Liebling, ich
war ja so glücklich mit dir.“ Er: „Ich erinnere mich, es war so*

Die Eltern wissen nicht was sie ihren Kindern immer wieder antun. Von einer Generation zur anderen. Wieviel Erde brauchen unsere Kinder, Enkelkinder und Tiere?

Ich klage an.

eine schöne Zeit mit dir. Schade dass sie zu Ende ist. Ohne dich bin ich so einsam." Sie: „Fabian mein Liebling, sei doch nicht so traurig in Gedanken bin ich bei dir. Du Kochtest für mich mein Lieblingsessen. Spinat, Kartoffelbrei und Spiegelei. Ich küsste dich beim essen; dein Gesicht war voller Spinat. Du sahst komisch aus, ich musste so lachen. Ach Liebling, es war so schön deine Nähe zu spüren mein Liebling." Er: „Alina mein Liebling, ich erinnere mich. Wir gingen gemeinsam zum Tanzen. Es war so schön dich in meine Arme zu nehmen, es machte mich glücklich. Die Wärme deines Körpers war so angenehm. Ach mein Liebling ich liebe dich so sehr." Sie: „Fabian mein Liebling sei nicht so traurig. In Gedanken bin ich bei dir mein Liebling. Erinnere dich an mich, dann bist du nicht mehr so alleine." Er: „Ach Liebling, ich erinnere mich. Wir hatten noch unseren eignen Brunnen. Wir gingen zusammen schwimmen. Wir waren doch so glücklich mein Liebling. Ach Liebling, du fehlst mir so sehr." Sie: „Fabian mein Liebling, du fehlst mir auch, aber ich bin in deinen Gedanken und das macht mich so glücklich mein Liebling. Eines Tages war ich schwanger, du streicheltest meinen Bauch und küsstest ihn, ja wir waren überglücklich mein Liebling. Aber wir wussten, dass wir eines Tages unser Kind alleine auf diesem Planet Erde zurücklassen müssen. Aber unser Kind sollte auch erleben, wie schön es ist einen Körper zu haben mit dem man lieben kann. Du nahmst mir alle schweren Arbeiten ab, ja du verwöhntest mich mein Liebling." Er: „Alina mein Liebling, ich erinnere mich. Wir gingen zusammen in unsere

Die Eltern wissen nicht was sie ihren Kindern immer wieder antun. Von einer Generation zur anderen. Wieviel Erde brauchen unsere Kinder, Enkelkinder und Tiere?

Ich klage an.

Werkstatt und bauten für unser Kind eine Wiege. Wir waren ein gutes Team mein Liebling. Eines Tages war es so weit, ich brachte dich ins Krankenhaus. Ich saß an deinem Bett. Du stöhntest, ich nahm deine Hand und streichelte sie. Du schautest mich dankbar an. Auf einmal war es so weit, du bekamst unsere Tochter. Ich war so stolz auf dich und küsste dich auf den Mund. Nach einer Woche holte ich dich mit unserer Tochter Gabriele aus dem Krankenhaus ab. Zu Hause legtest du unsere Tochter in unsere Wiege. Es gefiel ihr. Sie lächelte uns an, ach Liebling es war so eine schöne Zeit. Nun waren wir zu dritt, wir gingen viel spazieren in unserem Park. Wir erlebten noch einmal die Jugend mit unserer Tochter. Ach Liebling, du fehlst mir so sehr, ohne dich bin ich so einsam."
Sie: „Fabian mein Liebling, ich bin doch bei dir in deinen Gedanken, erinnere dich doch an die schöne Zeit die wir beide zusammen waren mein Liebling."Er: „Alina mein Liebling, ich erinnere mich. Die Sonne lachte, wir gingen in unseren Park und legten uns auf die Wiese. Du küsstest mich, ich war überglücklich. Es war so schön deine Nähe zu spüren mein Liebling. Du erzähltest mir wieder eine neue Geschichte von der Elefantenfamilie. Ich hörte dir immer gerne zu, ja die Geschichten machten mich nachdenklich. Wie Menschen so mit Menschen umgehen."
Ist das Leben nur ein böser Traum? Was ist wenn der Traum zu Ende ist? Wo erwache ich, wo bin ich?

Ist es ein schönes und glückliches Erwachen?

Ich glaube ja!

Die Eltern wissen nicht was sie ihren Kindern immer wieder
antun. Von einer Generation zur anderen. Wieviel Erde
brauchen unsere Kinder, Enkelkinder und Tiere?
Ich klage an.

*Die Kinder dachten, wenn das Leben das wir leben müssten
nur ein Traum ist, wollen wir nicht in einem Traum leben.
Wir wollen richtig leben. Wir wollen nicht mehr, dass jeden Tag
10 000 Kinder vor Hunger sterben.*

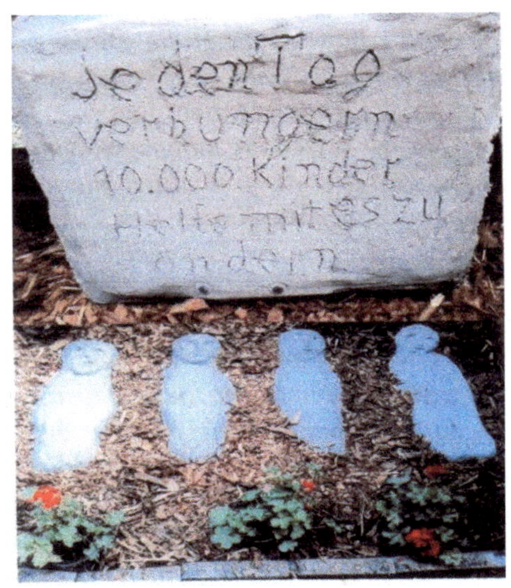

*Eine junge Frau ging ins Museum.
Da war eine Ausstellung über Kinder. Willkommen auf dem
Planet Erde. Du bist unsere Zukunft, wir brauchen dich. Ohne
dich sind wir so einsam und alleine. Der Museumsführer:
„Schaut euch mal dieses Bild an.“ Die Kinder rufen: „Mutter,
musst du uns das antun? Wovon willst du uns ernähren? Wir
haben heute schon nicht genug zu essen. Wie sieht unsere*

Die Eltern wissen nicht was sie ihren Kindern immer wieder antun. Von einer Generation zur anderen. Wieviel Erde brauchen unsere Kinder, Enkelkinder und Tiere?
Ich klage an.

Zukunft aus? Du musst erst dafür sorgen, dass der Reichtum verteilt wird, so dass es allen Menschen gleich gut geht. Wir sind die Kinder dieser Erde, also eure Zukunft. Man holt uns ohne Mitbestimmung. Wenn wir da sind, weiß man nichts mit uns anzufangen. Man gibt uns keine Zukunft."
Museumsführer: „Kommt lasst uns weiter gehen. Der Museumsführer ging zum Bild und drückte auf einen Knopf. Die Noten am Bild bewegten sich. Eine Frauenstimme sang: Wie schön dass du geboren bist, ich hätte dich sonst sehr vermisst. Mein liebes Kind es tut so weh, dass ich dich in meiner Not weggeben muss, aber da leidest du nur eine kurze Zeit. Wenn du später obdachlos wirst erlebst du die Hölle. Davor möchte ich dich schützen. Verzeih mir mein liebes Kind.
Deine Mutter.
Der Museumsführer: „Ja wir setzen die hungrigen Kinder wenn sie zu uns kommen erst mal auf einen Teller der freundlich aussieht. Der wird von einer Seite beleuchtet. So können die Kinder ihre Zukunft besser sehen. Einige schreien tagelang wenn sie den Tod sehen. Aber das ist ja alles eine Gewohnheitssache." Der Museumsführer drehte sich um. Er: „O.K wo sind denn die anderen Leute geblieben?" Die Frau antwortete: „Die sind alle gegangen, so etwas wollen sie nicht sehen." Der Museumsführer: „Sie wollen bleiben und die restlichen Bilder sehen?" Die Frau: „Ja, es verhungern viele Kinder auf dieser Welt da kann man nicht die Augen verschließen. Schuld ist doch unser ungerechtes System das wir haben. Da gucken die Leute lieber weg, das ist einfacher

Die Eltern wissen nicht was sie ihren Kindern immer wieder
antun. Von einer Generation zur anderen. Wieviel Erde
brauchen unsere Kinder, Enkelkinder und Tiere?
Ich klage an.

*als was zu ändern. Wir können uns ruhig duzen, ich heiße
Lola." Der Museumsführer: „Schau mal Lola dieses arme
Kind sitzt auf einem leeren Teller. Aber diese Tränen dieser
Kinder will keiner sehen. Ich würde gerne den armen Kindern
helfen, wir können ja zu einer Spende aufrufen." Lola: „Aber
Museumsführer, wir spenden schon über 70 Jahre und die
Armut ist mehr geworden. Spenden helfen nur vorübergehend,
aber dann kommt der Hunger wieder. Spenden ist der falsche
Weg. Ich kenne da einen besseren Weg. Jesus wird uns
bestimmt helfen mit seiner Brotvermehrung. Und als es Abend
geworden war, traten seine Jünger zu ihm und sprachen: Der
Ort ist öde und die Stunde ist schon fortgeschritten; entlass
das Volk, damit sie in die Dörfer gehen und sich Speisen
kaufen!"Jesus aber sprach zu ihnen: „Sie haben nicht nötig
hinzugehen; Gebt ihnen zu essen." Sie sprachen zu ihm: Wir
haben nicht mehr als fünf Brote und zwei Fische." Er sprach:
„ Bringt sie mir hierher!" Und er befahl dem Volke, sich in das
Gras zu legen. Er nahm die fünf Brote und die zwei Fische, hob
sie zum Himmel auf, dankte, brach und verteilte sie unter den
Jüngern. Die Jünger aber gaben sie dem Volke. Sie aßen alle
und wurden satt. Siehe da, übrig blieben noch 12 Körbe voll.
Die aber gegessen hatten, waren etwa 5000 Männer, ohne
Frauen und Kinder. Siehst du Museumsführer, so einfach war
das früher." Der Museumsführer: „Ja früher war so vieles
möglich, aber die da oben im Himmel sind schon zu alt
geworden um uns zu helfen. Jeder Mensch muss ein Recht auf
Essen haben. Wir müssen den Politikern sagen: schafft endlich*

Die Eltern wissen nicht was sie ihren Kindern immer wieder
antun. Von einer Generation zur anderen. Wieviel Erde
brauchen unsere Kinder, Enkelkinder und Tiere?
Ich klage an.

*die Armut ab, oder wir werden euch nicht mehr wählen. Aber
wollen wir das überhaupt? Komm lass uns weitergehen. Schau
dir mal dieses Bild an. Es ist wie auf einem Fließband, einen
weißen Teller nach dem anderen." Lola: „Ja das sind zwei
verschiedene Welten. Einige Kinder haben zu viel zu essen.
Dieses Kind hier unten schaut traurig auf den Teller. Aber der
Teller bleibt leer. Ach Museumsführer, das ist ja alles so
traurig. Jedes Bild tut mir so weh." Der Museumsführer:
„Lola du musst die Nerven behalten. Komm lass uns weiter
gehen. Schau dir mal dieses Bild an. Das Kind fängt an zu
beten in der Hoffnung, dass es Hilfe bekommt." Lola: „Wir
können es ja auch mal mit beten versuchen. Vater unser im
Himmel, geheiligt werde dein Name. Dein Reich komme, dein
Wille geschehe, wie im Himmel so auf Erden. Unser tägliches
Brot gib uns heute. Und vergib uns unsere Schuld, wie auch
wir vergeben unseren Schuldigern. Und führe uns nicht in
Versuchung, sondern erlöse uns von dem Bösen, denn dein ist
das Reich und die Kraft und die Herrlichkeit in Ewigkeit.
Amen." Der Museumsführer: „Lola der Teller bleibt leer.
Beten hilft nicht. Das Beten passt nicht zu dem Kind. So ein
kleines Kind hat noch keine Schuld auf sich geladen." Lola:
„Das verstehe ich nicht warum Gott diesem armen Kind nicht
hilft?" Der Museumsführer: „Komm lass uns weitergehen.
Schau dir mal dieses Bild an. Das Kind guckt verzweifelt nach
unten. Es denkt bestimmt: warum hilft mir keiner, ich habe
doch so einen großen Hunger." Lola: „Viele Kinder werfen ihr
Essen weg, weil sie zu viel auf dem Teller haben. Sie wissen*

Die Eltern wissen nicht was sie ihren Kindern immer wieder antun. Von einer Generation zur anderen. Wieviel Erde brauchen unsere Kinder, Enkelkinder und Tiere?

Ich klage an.

nicht was Hunger ist. Warum helfen wir diesen armen Kindern nicht? Sind wir mitschuldig?" Der Museumsführer: „Lasst uns weiter gehen. Lola schau dir mal dieses Bild an. Dieses Kind schaut mit großen Augen nach vorne, es sieht ganz verzweifelt aus." Lola: „Es kann bestimmt nicht verstehen warum alle Menschen an ihm vorbeigehen. Normalerweise hat man doch Mitleid mit Kindern wenn es ihnen schlecht geht. Ich glaube, die meisten Menschen denken nur an sich. Warum sieht denn keiner dieses Elend dieser Kinder?" Der Museumsführer: „Lola mach dir nicht so viele Gedanken, andere machen das auch nicht; komm lass uns weitergehen. Lola schau dir mal dieses Bild an. Das Kind ist ganz erschrocken, dass es auf einmal auf einem leeren Teller sitzt." Lola: „So etwas kann heute sehr schnell gehen. Die Eltern verlieren ihren Job. Dann fängt die Armut an. Man ist auf einmal alleine, keiner hilft mehr. Früher wo man helfen konnte, hat man weggeguckt. Heute gucken die anderen weg. Heute ich und morgen du." Der Museumsführer: „Komm lass uns weitergehen. Lola schau mal dieses Bild an. Das Kind versucht noch einmal zu betteln. Es versteht nicht, dass seine Zukunft am Tellerrand steht, der Tod." Lola: „Ich kann dieses Elend nicht mehr sehen." Der Museumsführer: „Aber Lola du musst dich daran gewöhnen. Es verhungern jeden Tag viele Kinder auf dieser Welt. Also Kopf hoch Mädchen. Komm lass uns weitergehen. Lola schau mal dieses Bild an. Das Kind schaut zu dem Tod. Es weiss nun, der kann es von seinem Hunger befreien. Aber der Tod will es noch nicht haben, es ist noch nicht mager genug." Lola: „Ach

Die Eltern wissen nicht was sie ihren Kindern immer wieder
antun. Von einer Generation zur anderen. Wieviel Erde
brauchen unsere Kinder, Enkelkinder und Tiere?
Ich klage an.

*Museumsführer das ist ja alles so traurig wie wir zu sehen
müssen wie diese Kinder verhungern.“ Der Museumsführer:
„Ja Lola der Weg ist nicht mehr so lang für diese armen
Kinder. Komm lass uns weiter gehen. Lola schau mal dieses
Bild an. Das Kind schläft, als wenn es sagen wollte: warum hat
mir Gott als Baby nicht die Kraft gegeben mich als Baby zu
erwürgen? Warum holen uns unsere Eltern auf diese Welt wenn
sie uns nicht mal ernähren können? Aber viele Kinder wissen
nicht was Hunger ist. Sie essen nicht mal ihre Teller leer, der
Rest wird weggeworfen.“ Lola: „Wir sollten die hungernden
Kinder nicht alleine lassen, da wir eine Mitschuld tragen! Wir
müssen viel mehr Druck ausüben bei den Politikern.“ Der
Museumsführer: „Ja Lola, aber viele Menschen gucken weg.
Komm lass uns weitergehen. Lola schau mal dieses Bild an.
Das Kind kriecht immer näher zum Tod, es hat Sehnsucht nach
ihm. Lola was ist los, warum weinst du?“ Lola: „Ach
Museumsführer es bricht mir das Herz wenn ich zusehen muss
wie mit jedem neuen Teller der Tod näher rückt. Ich hoffe
meine Nerven halten das durch.“ Museumsführer: „Es wird
sich nichts ändern, solange die Reichen immer reicher werden
und die Armen immer ärmer. Einige Menschen sind schon zu
abgehärtet, dass diese Bilder sie nicht mehr erschrecken.
Komm lass uns weitergehen. Lola. schau mal dieses Bild an.
Dieses Kind ist ganz verzweifelt. Es ist so erschöpft, es wird
nicht mehr lange durchhalten.“ Lola: „Ach Museumsführer es
ist so traurig, dass wir Menschen so etwas zulassen. Es ist
genug zu essen da, es muss nur richtig verteilt werden. Aber*

Die Eltern wissen nicht was sie ihren Kindern immer wieder
antun. Von einer Generation zur anderen. Wieviel Erde
brauchen unsere Kinder, Enkelkinder und Tiere?
Ich klage an.

*einige Menschen sind zu gierig und dadurch entsteht die
Armut." Museumsführer: „Ja Lola die Gier ist der größte
Feind den wir haben. Komm lass uns weitergehen. Lola schau
mal dieses Bild an. Das Kind ist vor Erschöpfung
eingeschlafen. Ich glaube es weiß, dass es der Tod bald holen
will." Lola: „Ja es ist so schrecklich wie hilflos dieses Kind ist.
Es liegt ja so friedlich da. Es hat keinem Menschen etwas
getan. Aber wir schauen alle zu, und lassen diese Kinder
verhungern. Sie weinen, warum lassen wir so etwas zu?"
Museumsführer: „Mach dir doch nicht so viel Kopfzerbrechen,
andere tun es auch nicht. Komm lass uns weitergehen. Lola
schau dir mal dieses Bild an. Dieses Kind ist sehr abgemagert,
der Tod wird es bald befreien, dann hat das Kind keinen
Hunger mehr. Du weinst ja?" Sie: „Ach Museumsführer dieses
Kind besteht nur aus Haut und Knochen. Wenn das mein Kind
wäre, ich würde das Kind von dem hungern befreien. Ich würde
mit meinem Kind in den Tod gehen, ich möchte nicht, dass
mein Kind so lange leidet." Museumsführer: „Komm lass uns
weiter gehen. Lola schau mal dieses Bild an. Das Kind liegt
da, es ist so erschöpft, dass es bald einschlafen wird. Der Tod
wird es heute mitnehmen. Dann ist es vom Hunger befreit."
Der Museumsführer ging zum Bild, drückte auf einen Knopf
und eine Frauenstimme fing an zu reden. Der Museumsführer
beugte seinen Kopf nach vorne und hörte zu." Kleines
Kindchen, es tut uns sehr weh dich sterben zu sehen. Dabei ist
genug zu Essen da aber die Gier einiger Menschen ist zu groß.
Sie wollen nicht, dass alles gerecht verteilt wird. Kleines*

Die Eltern wissen nicht was sie ihren Kindern immer wieder
antun. Von einer Generation zur anderen. Wieviel Erde
brauchen unsere Kinder, Enkelkinder und Tiere?
Ich klage an.

*Kindchen, es tut so weh, dich da sterben zu sehen. Wir werfen
jeden Tag viele Tonnen Lebensmittel in den Müll. Aber du bist
heute nicht allein. Etwa 15 Kinder verhungern jede Minute,
etwa 10.000 jeden Tag. Deshalb kleines Kindlein, schlafe in
den Tod hinein, dann wird dein Schmerz vorbei sein. Wir
hoffen, dass du im nächsten Leben mehr Glück hast als heute.
Also schlafe ein kleines Kindlein, schlafe ein. Es tut uns so
weh, dich sterben zu sehen. Aber ihr Kinder seid unschuldig.
Schuldig sind wir erwachsenen Menschen, die noch leben. Wir
hätten euch helfen müssen.“ Auf einmal gab es einen Knall.
Der Museumsführer drehte sich um, Lola lag auf dem Boden.
Sie war ohnmächtig geworden. Der Museumsführer bückte
sich und streichelte ihre Wange. Er: „Lola was ist los mit dir?“
Sie: „Museumsführer, das ist alles zu viel für mich.“ Der
Museumsführer half ihr vom Boden hoch. Sie legte ihren Kopf
bei dem Museumsführer an die Schulter und weinte. Der
Museumsführer: „Weine dich richtig aus, es befreit.“ Er
streichelte ihr über den Kopf. Nach einiger Zeit hatte sich Lola
beruhigt. Sie wischte sich die Tränen aus dem Gesicht. Der
Museumsführer: „Lola können wir jetzt weiter gehen?“ Sie:
„Ja Museumsführer, ich hoffe es ist bald vorbei.“ Der
Museumsführer: „Ein paar Bilder haben wir noch, aber sie
sind nicht mehr so schlimm. Komm lass uns weitergehen. Lola,
schau mal was hier im Neuen Testament steht. Jesus und die
Kinder. Da brachte man Kinder zu ihm, damit er ihnen die
Hände auflegte und betete. Aber die Jünger wiesen die Leute
ab. Doch Jesus sprach: „Laßt die Kinder zu mir kommen und*

Die Eltern wissen nicht was sie ihren Kindern immer wieder
antun. Von einer Generation zur anderen. Wieviel Erde
brauchen unsere Kinder, Enkelkinder und Tiere?
Ich klage an.

verwehrt es ihnen nicht; denn für solche ist das Himmelreich."
Dann legte er ihnen die Hände auf und zog weiter. Lola: „Er
meint bestimmt wir sollten dieses Kind ehren und lieben und
nicht verhungern lassen. Aber die Heiligen lassen diese Kinder
heute verhungern. Jesus hätte bestimmt geholfen. Diese Kinder
sind die neuen Besucher dieses Planeten und wir werden eines
Tages diesen Planeten verlassen müssen. Wenn wir eines Tages
alt sind und gehen müssen dann wollen wir auch anständig
behandelt werden. Ja Museumsführer glauben ist gut, aber er
ändert nichts. Sind wir alle verliebt in die Armut? Sind wir
Menschen krank? Macht uns die Gier kaputt? Die Armut wird
immer größer auf diesem Planeten. Einige Menschen werden
immer reicher. Sie sagen uns immer wieder wie viele Millionen
oder Milliarden sie haben. Wir nehmen das schweigend hin
und lassen unsere armen Kinder verhungern. Ich könnte
durchdrehen." *Der Museumsführer: „Aber Lola du nimmst dir*
das zu sehr zu Herzen. Nehme es doch so hin wie es die
anderen auch tun. Komm wir schauen uns das nächste Bild
an." *Lola: „Was für Bilder?*" *Der Museumsführer: „Wir*
sollten uns die Bilder noch mal ansehen. Dann werden wir es
besser verstehen. Du weißt doch, wir Menschen sind
vergesslich. Also komm schon du wirst es schon überstehen.
Lola schau dir dieses Fließband an. Da sind die Kinder drauf.
Der Tod wird sie empfangen und sie befreien. Ihr Leidensweg
ist jetzt zu Ende. Da wo sie jetzt hin kommen gibt es keine
Menschen. Hier werden sie glücklich und frei sein. Komm lass
uns weiter gehen. Der Museumsführer holte einen Stuhl. Er:

Die Eltern wissen nicht was sie ihren Kindern immer wieder
antun. Von einer Generation zur anderen. Wieviel Erde
brauchen unsere Kinder, Enkelkinder und Tiere?
Ich klage an.

*„Lola setze dich bitte auf diesen Stuhl, sonst kippst du wieder
um. Du bist auf einmal zu empfindlich geworden." Lola: „Wird
es so schlimm?" Der Museumsführer: „Nein das ist nicht so
schlimm, es passiert nur am Tage 10.000 mal auf der Welt."
Lola setzte sich auf den Stuhl. Der Museumsführer: „Der Tod
sitzt jetzt auf dem Teller. Er wartet bis das Kind tot ist. Er
hatte ja viel Zeit, ihm geht keiner verloren." Er ging zum Bild,
drückte auf einen Knopf, blieb vor dem Bild stehen und senkte
den Kopf. Um das Bild herum waren Noten, sie bewegten sich
und leise Musik erklang. Eine Frauenstimme sang: Liebes
Kind du warst willkommen auf diesem Planeten; dachten wir!
Wir dachten wir brauchen dich für unsere Zukunft. Aber das
System der Menschen ist zu ungerecht. Man muss Glück haben
wo man landet. Bei einer reichen Familie hat man Glück. Aber
du hattest Pech, du landetest bei einer armen Familie. Du
kamst auf den leeren Teller. Deshalb müssen wir heute
Aufwiedersehen sagen. Kleines Kind es tut mir weh dich da auf
dem leeren Teller zu sehen. Vielleicht hast du das nächste Mal
mehr Glück wenn du auf diesem Planeten landest. Ich hoffe
nur, dass diese Menschen die das heute ändern könnten und
nicht tun, dass sie das nächste Mal wenn sie auf dem Planeten
landen, auf diesen leeren Teller kommen. Aber vielleicht gibt es
eines Tages eine Generation von Politikern die das ändern. Auf
Wiedersehen kleines Kindchen." Der Museumsführer drehte
sich um. Lolas Kopf hing vorne runter. Sie war in Ohnmacht
gefallen. Der Museumsführer ging hin und schüttelte sie. Er:
„Was ist los mit dir, du wirst bei jedem Bild auf einmal*

Die Eltern wissen nicht was sie ihren Kindern immer wieder
antun. Von einer Generation zur anderen. Wieviel Erde
brauchen unsere Kinder, Enkelkinder und Tiere?
Ich klage an.

*ohnmächtig. Was ist los?" Sie: „Museumsführer, ich kann
nicht mehr, das ist alles zu viel für mich. Früher war alles so
weit weg. Aber jetzt ist auf einmal alles so nah, ich würde
gerne helfen. Ich werde jetzt mit anderen Menschen darüber
reden, dass es unsere Pflicht ist den Kindern zu helfen. Wenn
sie das nächste Mal auf dem Planet landen und nicht mehr
hungern müssen, weil man Besucher anständig behandelt. Die
Menschen müssen endlich aufschreien, so dass die Politiker
die Kinderarmut abschaffen." Der Museumsführer: „Vielleicht
kommen dann mehr Menschen in meine Bildergalerie die dich
dann unterstützen. Komm lass uns zum nächsten Bild gehen."
Lola: „Ich kann nicht mehr. Ich bin am Ende. Meine Nerven
halten das nicht mehr durch." Der Museumsführer: „Du warst
so tapfer, du willst doch jetzt nicht aufgeben? Komm, versuche
es noch einmal. Du kannst ja den Stuhl mitnehmen." Sie:
„O.k." Sie nahm den Stuhl mit. Lola setzte sich auf den Stuhl.
Der Museumsführer ging zum Bild und zog den Vorhang zur
Seite. Lola schrie und schrie sie sprang vom Stuhl auf und lief
zum Mülleimer. Sie würgte und erbrach sich. Der
Museumsführer ging hin, streichelte ihr über den Rücken und
sagte" „Es ist doch gut Mädchen, beruhige dich wieder, ich
weiß es ist alles eine Gewohnheitssache. Vielen Menschen da
draußen macht das nichts aus." Lola: „Entschuldige, als ich
diese Kinderknochen sah, das war zu viel für mich." Sie ging
zurück zu ihrem Stuhl und setzte sich. Der Museumsführer:
„Du musst dich nicht entschuldigen, du warst sehr tapfer. Ich
wollte dir nur erklären, wie viele Knochen das am Tage sind*

Die Eltern wissen nicht was sie ihren Kindern immer wieder antun. Von einer Generation zur anderen. Wieviel Erde brauchen unsere Kinder, Enkelkinder und Tiere?
Ich klage an.

von 10.000 Kindern. Komm lass uns weitergehen." Lola nahm ihren Stuhl mit. Der Museumsführer: „Lola, den brauchst du nicht mehr, es ist vorbei." Sie: „Das hast du schon mal gesagt." Der Museumsführer: „Lola es ist vorbei, versprochen." Lola ließ den Stuhl stehen. Der Museumsführer: „Wir Menschen könnten diesen Arbeitsplatz von den Toten wegrationalisieren, dann würde kein Kind mehr verhungern. Komm lass uns weitergehen. Lola schau dir mal dieses Bild an. Lola du musst dich schon umdrehen sonst kannst du das Bild nicht sehen. Bitte drehe dich um, es ist vorbei." Lola drehte sich um. Sie sah das Bild und stöhnte erleichtert auf. Der Museumsführer: „Siehst du, die Kinder da oben haben ihr Essen in den Müll geworfen. Sie wissen nicht wie wertvoll Essen ist. Komm lass uns zum nächsten Bild gehen. Lola schau dir mal dieses Bild an." Sie: „Das ist ein leerer Teller. Die Kinder da oben haben wieder ihr Essen auf ihrem Teller, was hat das zu bedeuten?" Der Museumsführer: „Der Tod wird gleich wieder kommen, er muss ja jede Minute drei Kinder abholen. Er hat einen schweren Job. Wir Menschen wollen ihm ja nicht helfen. Lola wir müssen nun Abschied nehmen, du warst eine tapfere Frau." Lola: „Museumsführer ich wünsche dir, dass dich viele Menschen besuchen kommen. Vielleicht können wir dadurch etwas ändern. Vielleicht können wir viele Eltern aus ihrem Traum aufwecken. Die Kinder malten Bilder und machten eine Ausstellung. Sie dachten: vielleicht könnten wir unsere Eltern ändern? Jeder Mensch kann etwas ändern und wenn es nur seine Gedanken sind.

Die Eltern wissen nicht was sie ihren Kindern immer wieder
antun. Von einer Generation zur anderen. Wieviel Erde
brauchen unsere Kinder, Enkelkinder und Tiere?
Ich klage an.

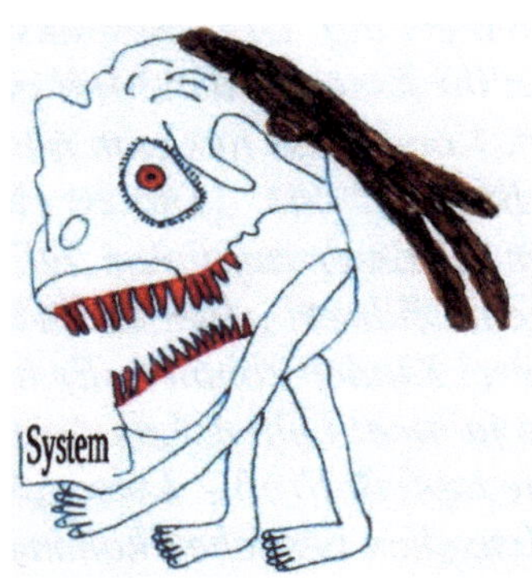

*Es gibt Reiche und Arme auf dem Planet Erde. Beide sind
unschuldig. Wenn auch die Reichen jeden Tag Millionen von
Menschen verhungern lassen. Sie sind unschuldig. Das System
der Menschheit hat schuld! Werden sie es einmal ändern?
Es fängt alles im Kopf an.*

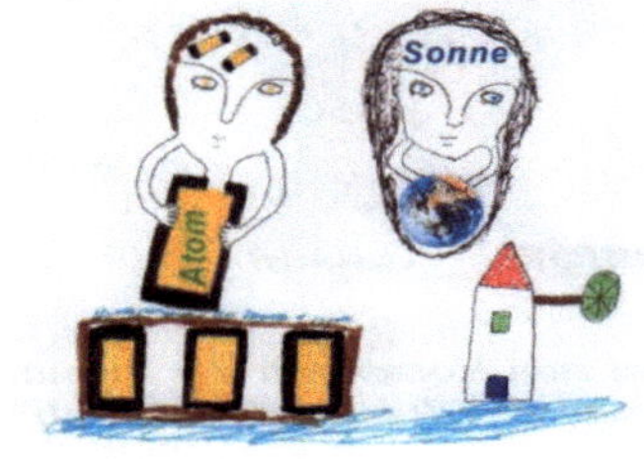

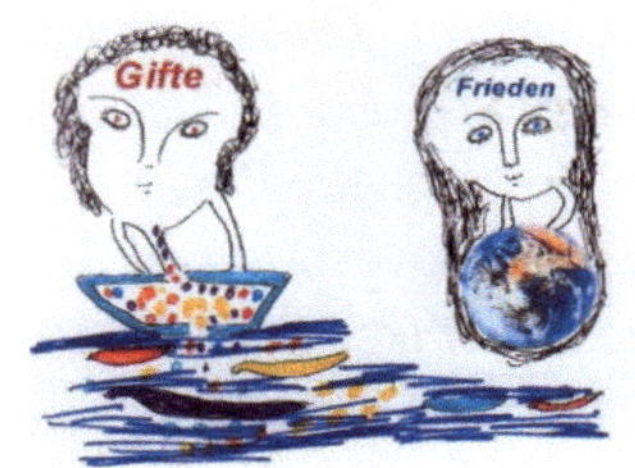

Die Eltern wissen nicht was sie ihren Kindern immer wieder
antun. Von einer Generation zur anderen. Wieviel Erde
brauchen unsere Kinder, Enkelkinder und Tiere?
Ich klage an.

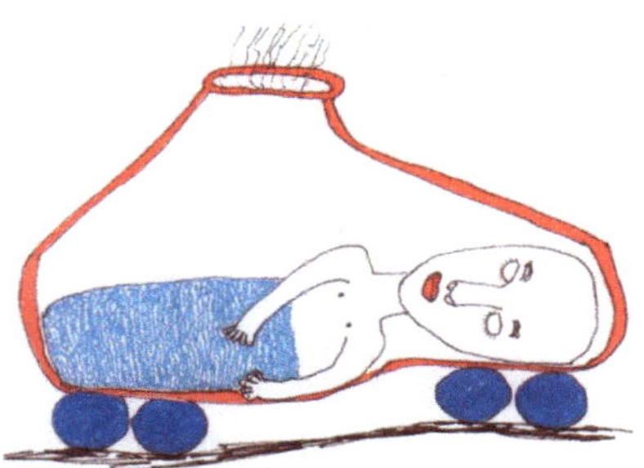

*Kleines Kindchen, es tut mir weh, wenn ich dich an Leukämie
sterben sehe. Aber einige Menschen wollten Atomstrom. Waren
sie in Not? Oder war es Raffgier? Du bist an Leukämie
erkrankt. Wie viele andere auch! Einige Menschen wollen
daraus nicht lernen. Noch heute fahren die Autos mit Atom
beladen durch die Länder. Kleines Kindchen, es tut mir weh,
dich an Leukämie sterben zu sehen. Aber du bist heute Abend
nicht alleine. Noch 20 000 Kinder sterben vor Hunger auf dem
Planet Erde. Deshalb kleine Kinder, schlaft euch in den Tod
hinein, dann ist euer Schmerz vorbei. Ich hoffe, dass ihr im
nächsten Leben mehr Glück habt als heute. Also schlaft kleine
Kinder. Es tut mir weh, euch sterben zu sehen. Aber ihr
seid unschuldig. Schuldig sind die anderen, die noch leben.*

Die Eltern wissen nicht was sie ihren Kindern immer wieder
antun. Von einer Generation zur anderen. Wieviel Erde
brauchen unsere Kinder, Enkelkinder und Tiere?
Ich klage an.

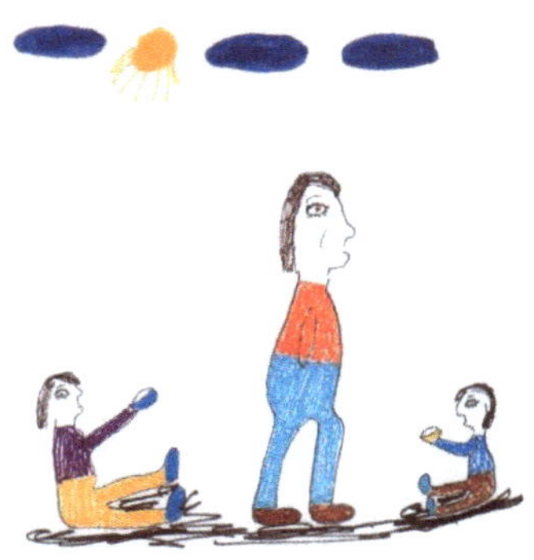

Pass auf dich auf, dass dich nicht die Armut trifft.
Wir müssen unser Leben ändern, so dass alle leben können.

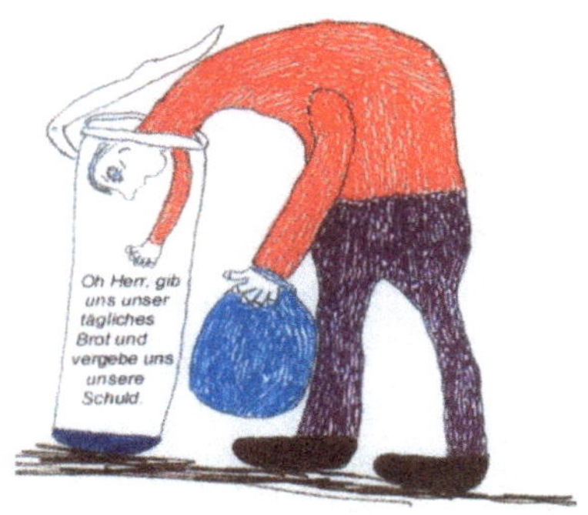

Sie haben Hunger, wie du und ich.
Weißt du überhaupt was Hunger ist?

Die Eltern wissen nicht was sie ihren Kindern immer wieder
antun. Von einer Generation zur anderen. Wieviel Erde
brauchen unsere Kinder, Enkelkinder und Tiere?
Ich klage an.

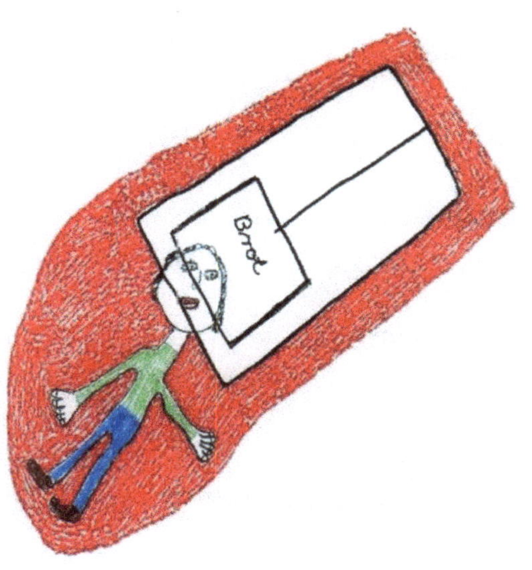

Mein Leben ist in Not!
Wer gibt mir das Brot, das ich zum leben brauche?
Wer gibt es mir?

Die Eltern wissen nicht was sie ihren Kindern immer wieder
antun. Von einer Generation zur anderen. Wieviel Erde
brauchen unsere Kinder, Enkelkinder und Tiere?
Ich klage an.

„Wohnen ist ein Menschenrecht"

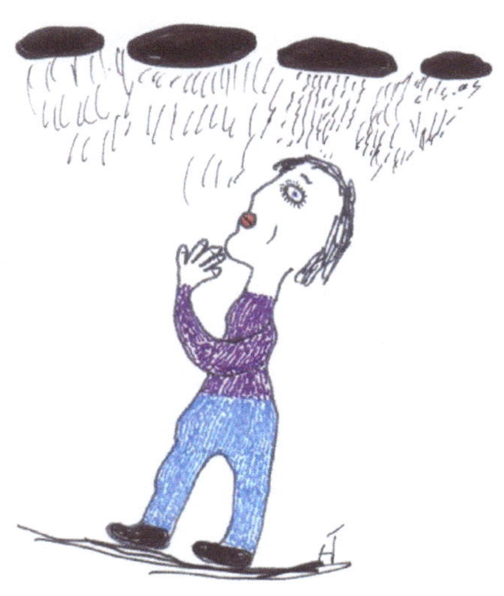

*Stell dir mal vor morgens um 6 Uhr musst du das Wohnheim
verlassen und du stehst auf der Straße. Jetzt hast du auch noch
Glück, es fängt an zu regnen, du weißt nicht wohin. Stell dir
das mal bildlich vor. So wie du das machst, so klappt das nicht.
Du musst dir das richtig vorstellen. Ja, genau so, nun läuft es
dir kalt den Rücken herunter. Helfe es zu ändern!
Wir müssen unser Leben ändern, so dass alle leben können.*

Die Eltern wissen nicht was sie ihren Kindern immer wieder
antun. Von einer Generation zur anderen. Wieviel Erde
brauchen unsere Kinder, Enkelkinder und Tiere?
Ich klage an.

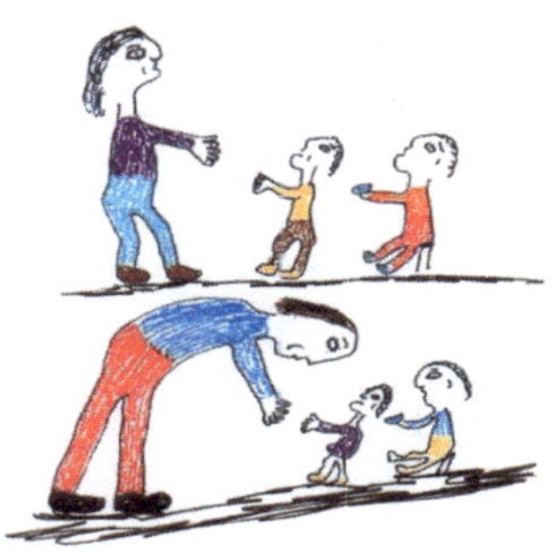

Keiner hat das Recht, ein Leben zu verurteilen: sondern, man
fragt das Leben, wie konnte dir das passieren?

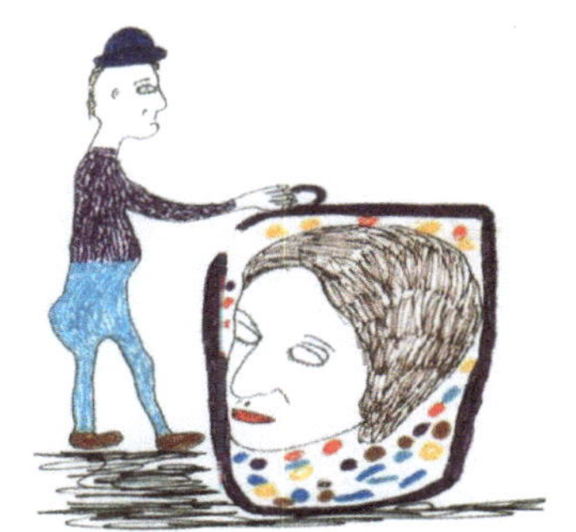

Die soziale Ungerechtigkeit.
Warum ich und nicht du?

Die Eltern wissen nicht was sie ihren Kindern immer wieder
antun. Von einer Generation zur anderen. Wieviel Erde
brauchen unsere Kinder, Enkelkinder und Tiere?
Ich klage an.

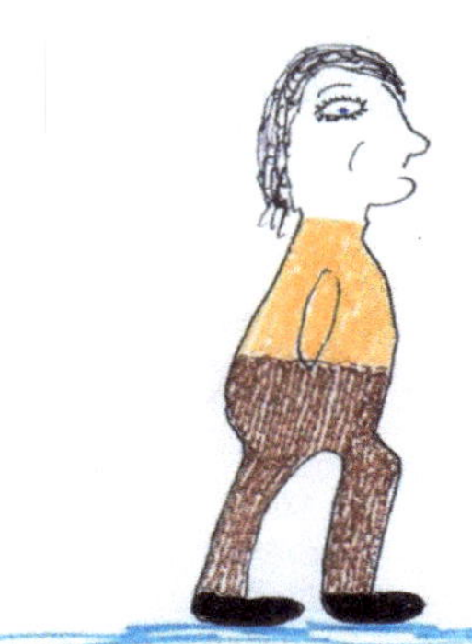

*Je älter ich werde, desto weniger verstehe ich die Menschen,
was sie mit dem Planet Erde und sich selber machen. Liegt es
daran, dass ich langsam verkalke? Oder habe ich zu viel Zeit
zum nachdenken? Müsste ich wieder mehr arbeiten, so dass
ich müde bin und nicht mehr so viel denken kann? Ich glaube
ja, dann wäre alles in Ordnung. Es kann nur so sein, denn bei
den meisten Menschen ist alles in Ordnung.*

Die Eltern wissen nicht was sie ihren Kindern immer wieder
antun. Von einer Generation zur anderen. Wieviel Erde
brauchen unsere Kinder, Enkelkinder und Tiere?
Ich klage an.

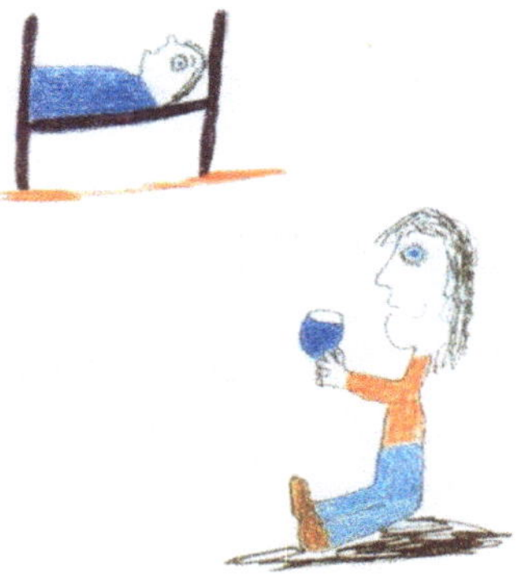

*Als ich geboren wurde, hoffte und glaubte ich, eine gute
Schulausbildung zu bekommen. Ich glaubte, dass ich einen
festen Arbeitsplatz bekomme. Ich glaubte nicht, dass ich von
allem nichts bekomme.*

Heute glaube ich nicht mehr, ich bin einsam und arm.

Die Eltern wissen nicht was sie ihren Kindern immer wieder
antun. Von einer Generation zur anderen. Wieviel Erde
brauchen unsere Kinder, Enkelkinder und Tiere?
Ich klage an.

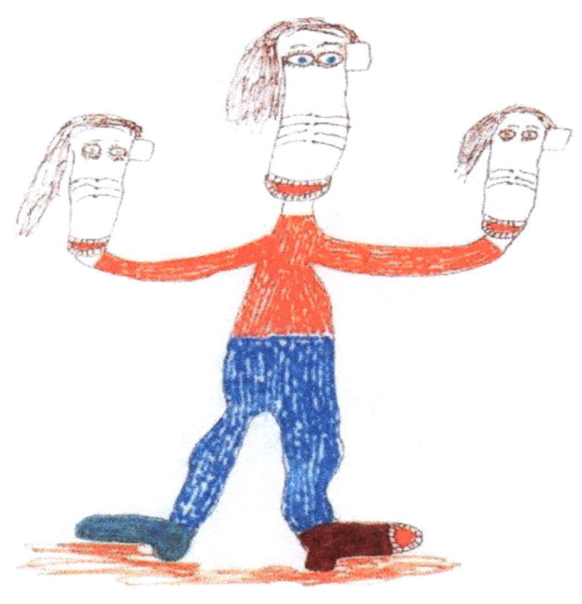

*Mein Leben ist abgelaufen wie ein paar kaputte Schuhe.
Arbeitslosigkeit, Wohnungslos, Einsamkeit.*

Die Eltern wissen nicht was sie ihren Kindern immer wieder
antun. Von einer Generation zur anderen. Wieviel Erde
brauchen unsere Kinder, Enkelkinder und Tiere?
Ich klage an.

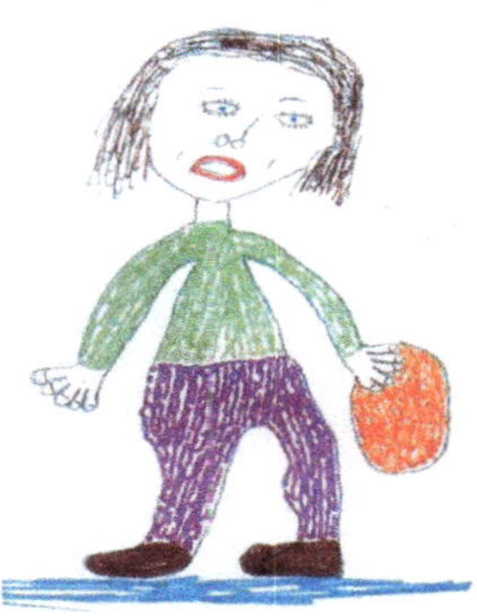

*Ich bin traurig und alleine. Die Einsamkeit tut so weh. Ach,
hätte ich doch ein Zuhause und wir wären zu zweit. Es ist
traurig zu sein, nur die Liebe zu zwei ist schön. Aber wer will
mich schon. Ach wäre ich doch in einem Märchenbuch
geboren, dann käme ein Prinz und ich wäre nicht mehr so
alleine.*
Jeden Tag einen Cent, für ein leben, dem es nicht so gut geht.

Die Eltern wissen nicht was sie ihren Kindern immer wieder antun. Von einer Generation zur anderen. Wieviel Erde brauchen unsere Kinder, Enkelkinder und Tiere?
Ich klage an.

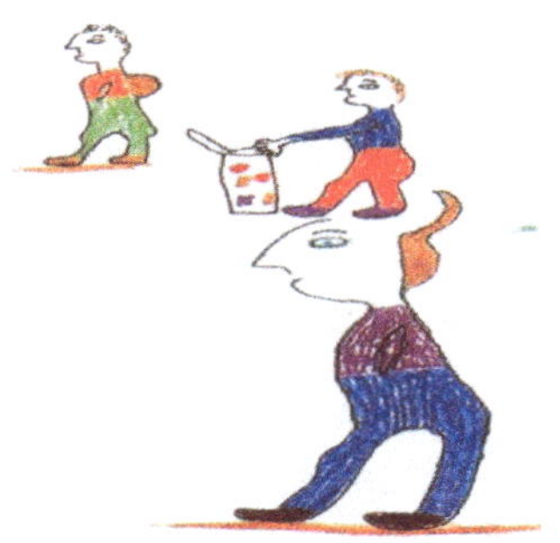

Regierung.
Such dir dein leben selber aus, du hat die Wahl. Mehr haben wir leider nicht.
Gruß die Regierung.

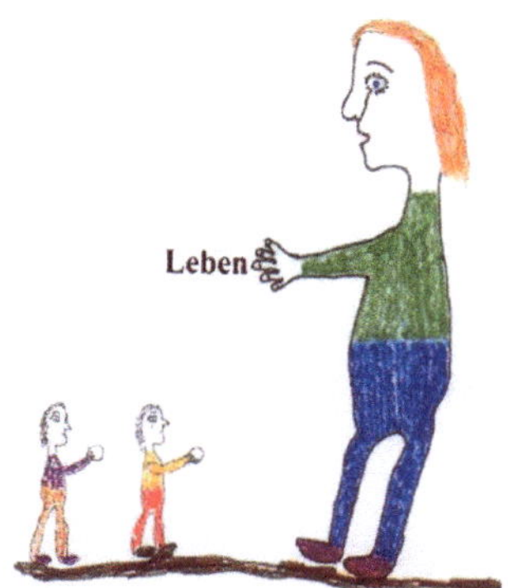

Nehme vom Leben nicht mehr, als du brauchst. Wenn du mehr nimmst, wächst die Ungerechtigkeit und dadurch die Armut.

Wir müssen unser Leben ändern, so dass alle leben können.

Die Eltern wissen nicht was sie ihren Kindern immer wieder
antun. Von einer Generation zur anderen. Wieviel Erde
brauchen unsere Kinder, Enkelkinder und Tiere?
Ich klage an.

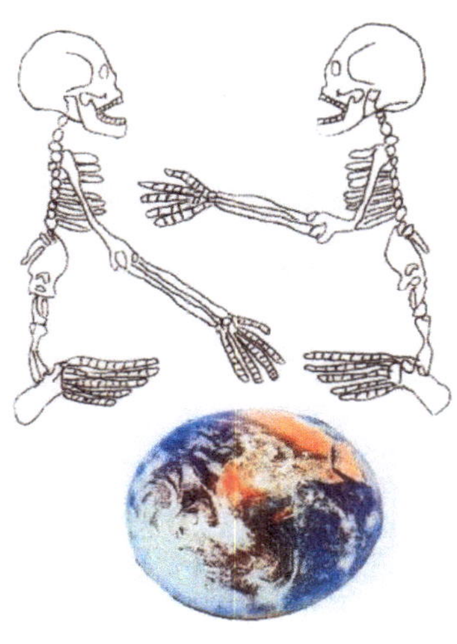

*Er: „Schau mal Otto, da auf dem Planet Erde, da gibt es
reiche und arme Menschen. Die paar Jahre, die diese Huschis
leben, verknechten sie sich gegenseitig. Eines wissen diese
Huschis nicht da unten, wir beide sind gleichberechtigt, wir
nehmen beide."*

Er: „Ja Karlheinz, es ist zum toten lachen."

Die Eltern wissen nicht was sie ihren Kindern immer wieder
antun. Von einer Generation zur anderen. Wieviel Erde
brauchen unsere Kinder, Enkelkinder und Tiere?
Ich klage an.

*Ja Elfon, die Eltern wollten ihr Leben nicht ändern. Sie wollten
es nicht wahr haben was ihre Kinder machten. Es kam wieder
eine neue Generation von Kindern. Sie wollten ihren Planet
Erde retten, er war ihre Zukunft. Aber auch ihre Eltern
belächelten es nur. Sie fingen wieder an Bilder zu malen um
ihren Eltern zu zeigen, wie sie den Planet Erde zerstörten."
Elfon: „Vater, warum hören die Eltern nicht auf ihre Kinder,
die Angst um ihre Zukunft haben? Lieben sie ihre Kinder
nicht?" Vater: „Doch mein lieber Sohn, aber sie wollen ihr
Leben nicht ändern. Sie denken wir haben es geschafft, dann
werden es unsere Kinder auch schaffen. Aber lass uns erstmal
die Bilder von den Kindern anschauen.*

Die Eltern wissen nicht was sie ihren Kindern immer wieder
antun. Von einer Generation zur anderen. Wieviel Erde
brauchen unsere Kinder, Enkelkinder und Tiere?
Ich klage an.

Unsere Geschenke an unsere Kinder.
Wieviel Erde brauchen unsere Kinder?

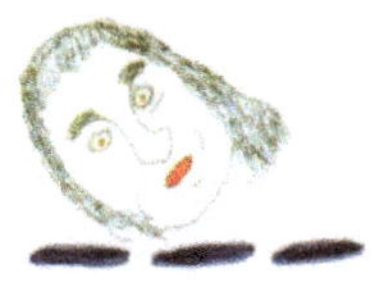
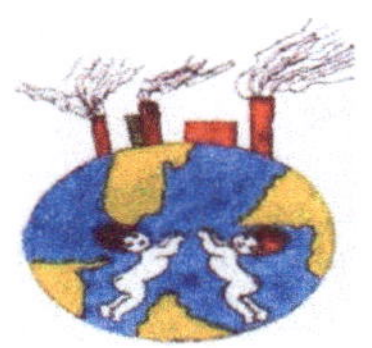

Gott erschuf das Paradies.

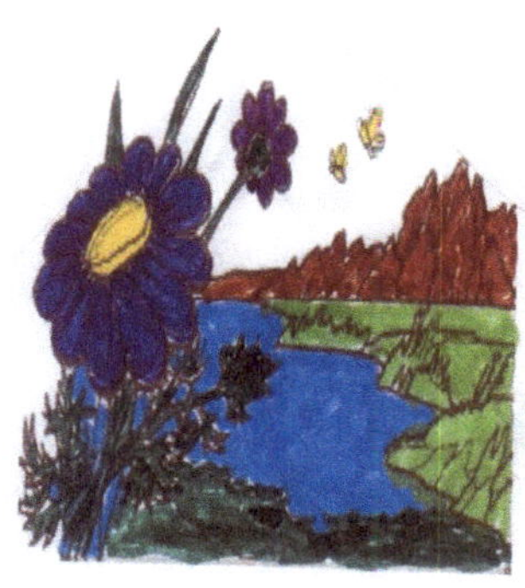
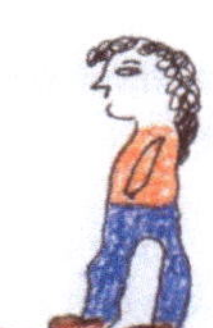

Gott: „Hallo Adam ich habe dich erbaut. Nun schenke ich dir
das Paradies." Er: „Aber Chef was soll ich denn mit dem
Paradies?" Gott: „Adam da hast du alles was du zum Leben
brauchst. Aber ich sehe schon, das ist dir nicht genug.
Dann schenke ich dir da oben die ganze Welt. Mache sie dir
untertan." Adam: „Chef ich werde es versuchen.
Aber versprechen kann ich das nicht.
Ich weiß nicht ob ich das schaffe.

Die Eltern wissen nicht was sie ihren Kindern immer wieder
antun. Von einer Generation zur anderen. Wieviel Erde
brauchen unsere Kinder, Enkelkinder und Tiere?
Ich klage an.

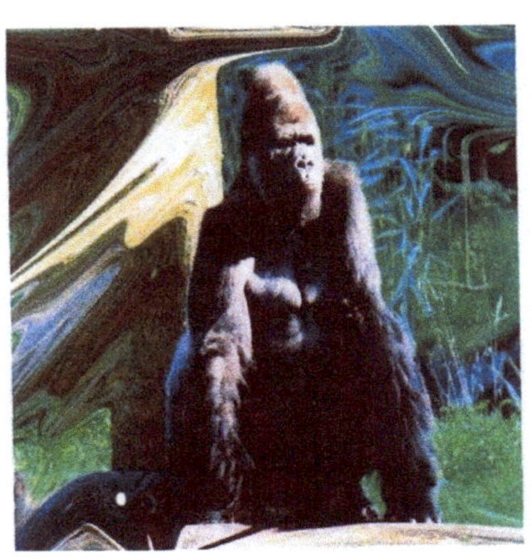

*Für die riesigen Monokulturen der Ölpalmen wird Regenwald
gerodet dadurch wird der Lebensraum der Menschenaffen und
vieler anderer Tiere weggenommen. Palmöl findet sich in
unzähligen Produkten die wir täglich konsumieren. Doch der
Anbau zerstört in Afrika den Lebensraum der Menschenaffen.
Ändern können das Maßnahmen vor Ort und ein bewussteres
Verhalten der Verbraucher. In Deutschland besteht keine
Kennzeichenpflicht von Palmöl in Lebensmitteln. Auf unseren
Verpackungen sehen wir daher sehr häufig bei der
Inhaltsangabe den Begriff "pflanzliches Fett" oder ungehärtete
pflanzliche Öle. In den meisten Fällen verbirgt sich Palmöl
dahinter, weil es sehr billig und damit profitabler Rohstoff
unserer Industrie ist. Wenn ich Lebensmittel esse die Palmöl
enthalten, fresse ich ungewollt ein Stück in den Regenwald.*

Die Eltern wissen nicht was sie ihren Kindern immer wieder
antun. Von einer Generation zur anderen. Wieviel Erde
brauchen unsere Kinder, Enkelkinder und Tiere?
Ich klage an.

*Deshalb müssen wir von unseren Politikern fordern, dass man
unsere Lebensmittel kennzeichnet wo Palmöl enthalten ist.
Bitte helft mit die vielen Tiere zu retten. Auch wir brauchen den
Regenwald zum leben. Tut es für unseren Verwandten, den
Menschenaffen.
Er ist sozialer als wir.
Er nimmt nur so viel wie er zum leben braucht*

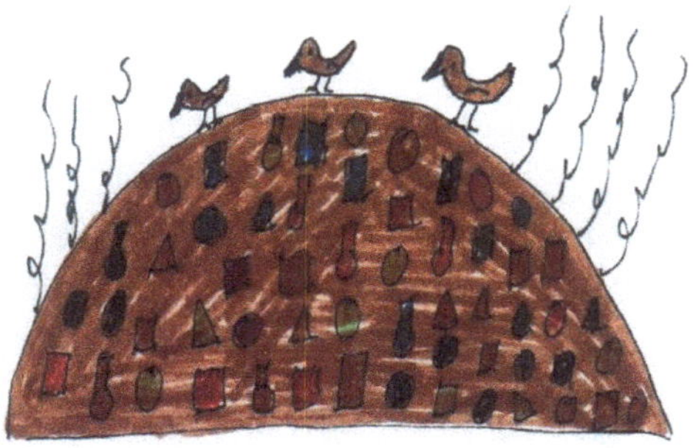

*Konsummüll: Gift für Mensch und Tier. Der Mensch beutet die
Erde gnadenlos aus. Immer mehr verdrängt er Tiere und
Pflanzen und breitet sich in ihren Lebensräumen aus. Die
Folgen: Artensterben, Umweltkatastrophen, Überfischung
Wasserknappheit und Extremwetter. Lebt die Menschheit weiter
wie bisher, benötigen wir bis zum Jahr 2030 - also bereits in 18
Jahren - zwei Planeten, um unseren Bedarf an Nahrung,
Wasser und Energie zu decken.*

Die Eltern wissen nicht was sie ihren Kindern immer wieder antun. Von einer Generation zur anderen. Wieviel Erde brauchen unsere Kinder, Enkelkinder und Tiere?
Ich klage an.

Verschmutzte Luft.
Gift für Mensch und Tier.
Aluminium.

Durch die Gewinnung von Aluminium werden ganze Wälder gerottet und die Flüsse verseucht. Gefahr für Mensch und Tier. Was kann ich tun? Verzichten du wo immer möglich auf Aluminium-Folie. Verwenden du Brotboxen und Tupperware. Zum Grillen keine Aluminiumfolie nehmen. Keine Miniportionen Marmelade, Honig oder Kondensmilch. Statt Senf-Tuben gibt es auch Gläser. Keine Kapseln kaufen für Kaffee u.s.w.
Gerodete Wälder durch die Raffgier der Menschen.
Vernichtender Lebensraum für Mensch und Tier.
Ölschiffsunglück im Meer.
Ölverschmierte Strände und Tiere.
Gift für Mensch und Tier.

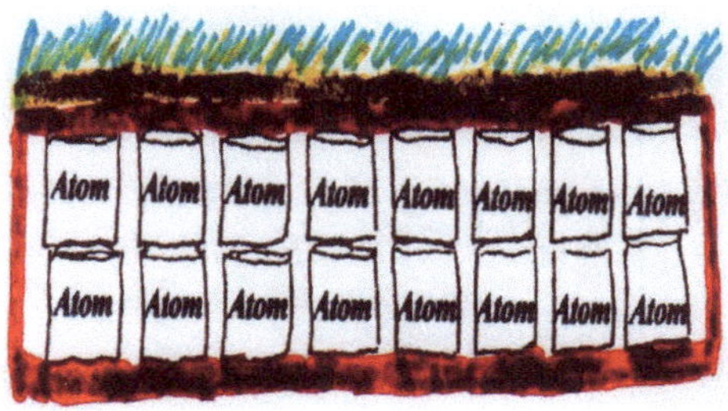

Atommüll in die Erde: Gift für viele Generationen unserer Kinder.

Die Eltern wissen nicht was sie ihren Kindern immer wieder
antun. Von einer Generation zur anderen. Wieviel Erde
brauchen unsere Kinder, Enkelkinder und Tiere?
Ich klage an.

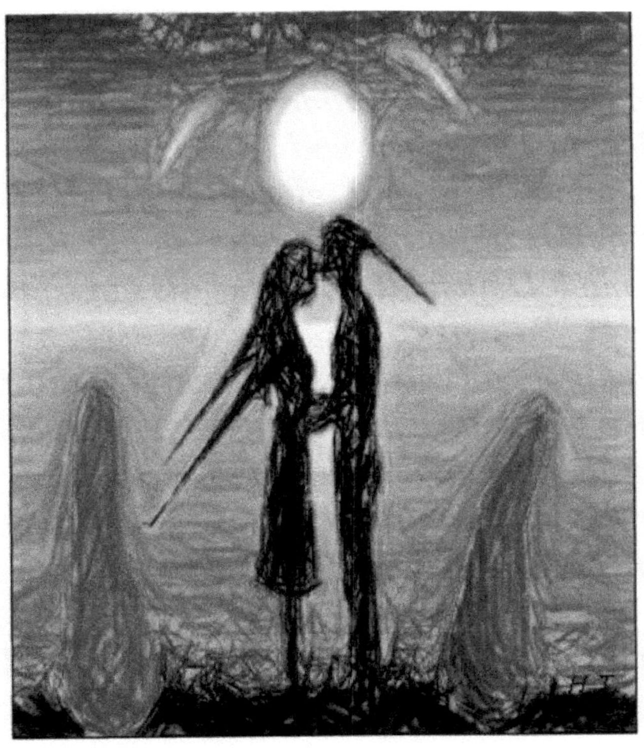

Wieviel Erde brauchen unsere Kinder?
Wir sollten uns mehr mit der Liebe beschäftigen, als uns
gegenseitig zu unterdrücken.
Nur Eltern können etwas ändern, weil sie ihre Kinder lieben.

Die Eltern wissen nicht was sie ihren Kindern immer wieder
antun. Von einer Generation zur anderen. Wieviel Erde
brauchen unsere Kinder, Enkelkinder und Tiere?
Ich klage an.

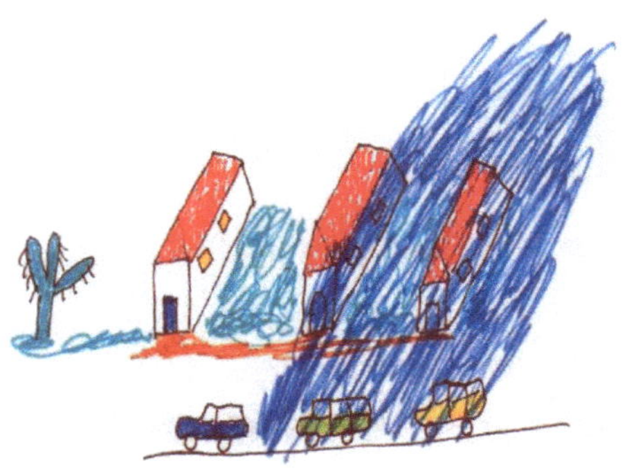

*Durch die Erwärmung unserer Erde: Überflutung unserer
Wohngebiete.
Gewässerverschmutzung durch Müll.*

*Massentierhaltung: Schäden für die Umwelt.
Macht Menschen und Tiere krank.
Kolumbien gehört zu den wichtigsten Lieferanten der
deutschen Stromversorger. Im ersten Halbjahr 2012 lieferten
nur Russland und die USA mehr Steinkohle nach Deutschland.
Mehr als ein Fünftel aller*

*Importe kam aus Kolumbien. Verwüstete Landschaften durch
Ausbeutung der Menschen. Zuhause Umweltfreundlich,
woanders Ausbeutung der Landstriche. Wir Menschen leben im*

Die Eltern wissen nicht was sie ihren Kindern immer wieder
antun. Von einer Generation zur anderen. Wieviel Erde
brauchen unsere Kinder, Enkelkinder und Tiere?
Ich klage an.

*Überfluss, dadurch erwärmt sich die Erde. Vernichtung von
Lebensräumen der Tiere. Der Wasserspiegel steigt.
Immer mehr Gefahr für Menschen und Tier.*

*Verseuchte Strände durch Abfall der Schiffe, die ihren Müll ins
Meer werfen. Gefahr für Mensch und Tier.*

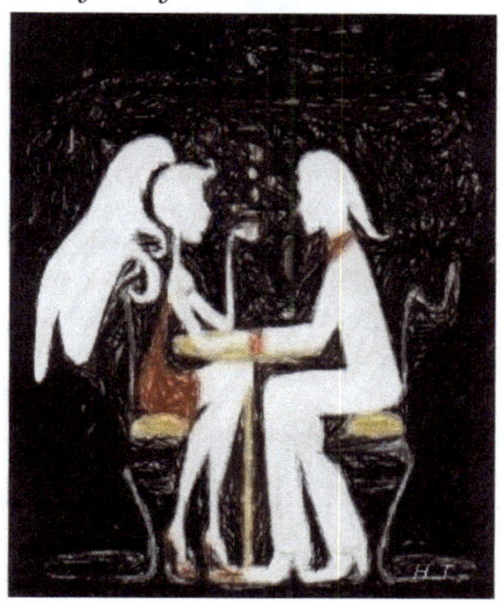

*Wieviel Erde brauchen unsere Kinder? Ist es nicht schön
zusammen aus zu gehen? Bei einer Tasse Kaffee, sich dabei tief
in die Augen zu sehen, die vor Liebe strahlen. Ach Liebling,
uns geht es nur so gut, weil es allen Kindern auf der Welt so
gut geht.
Nur Eltern können etwas ändern, weil sie ihre Kinder lieben.*

Die Eltern wissen nicht was sie ihren Kindern immer wieder
antun. Von einer Generation zur anderen. Wieviel Erde
brauchen unsere Kinder, Enkelkinder und Tiere?
Ich klage an.

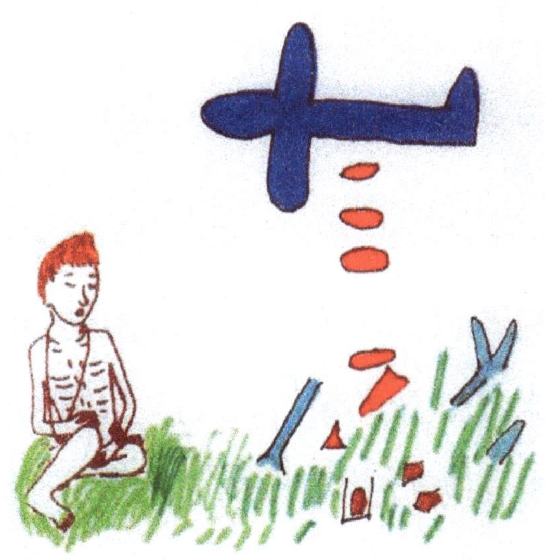

Armut: durch Kriege und immer verseuchtes Land.

*Der Mensch plündert die Erde maßlos aus. Die Gier des
Menschen nach natürlichen Ressourcen ist unersättlich.
Wachstum auf Kosten der Ärmsten. Töte Tiere durch Müll im
Meer. Von Menschenhand gemacht.*
*Jahr für Jahr werden zwischen 3.000 und 30.000 Tier- und
Pflanzenarten ausgelöscht – wir befinden uns mitten im
größten Artensterben während der letzten 65 Millionen Jahre.
Zugleich übersteigt jedes Jahr (!) die Zahl der Menschen, die
durch die Folgen von Armut, Hunger, unzureichendem Zugang*

Die Eltern wissen nicht was sie ihren Kindern immer wieder
antun. Von einer Generation zur anderen. Wieviel Erde
brauchen unsere Kinder, Enkelkinder und Tiere?
Ich klage an.

*zu Wasser etc. getötet werden. Die Menschheit nimmt der Erde
mehr, als sie langfristig geben kann. Ein Bericht zur Lage der
Ressourcen-Nutzung warnt: Vier von neun Belastungsgrenzen
des Planeten sind bereits überschritten.*

Die Eltern wissen nicht was sie ihren Kindern immer wieder
antun. Von einer Generation zur anderen. Wieviel Erde
brauchen unsere Kinder, Enkelkinder und Tiere?
Ich klage an.

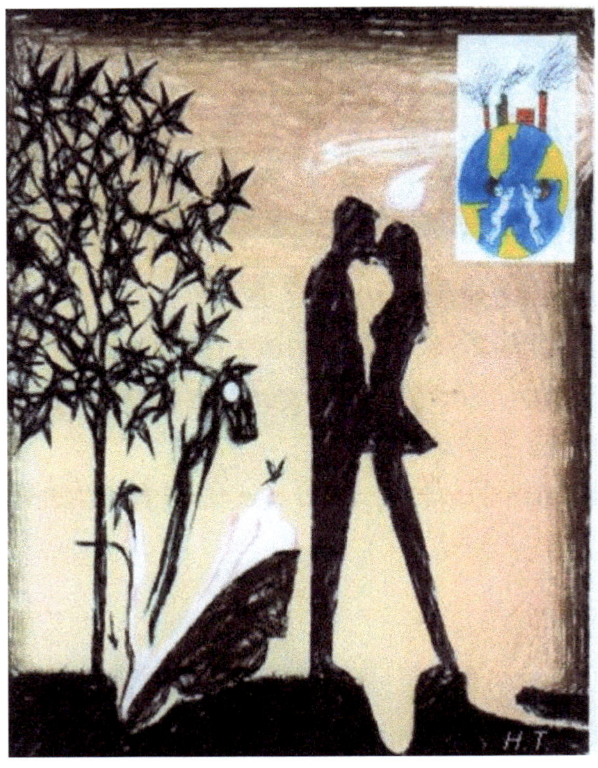

*Wieviel Erde brauchen unsere Kinder? Ist es nicht schön die
Natur zu genießen? Die heißen Küsse seines Partners zu
spüren? Nur noch so viel zu arbeiten wie wir zum leben
brauchen?*
Nur Eltern können etwas ändern, weil sie ihre Kinder lieben.

Die Eltern wissen nicht was sie ihren Kindern immer wieder
antun. Von einer Generation zur anderen. Wieviel Erde
brauchen unsere Kinder, Enkelkinder und Tiere?
Ich klage an.

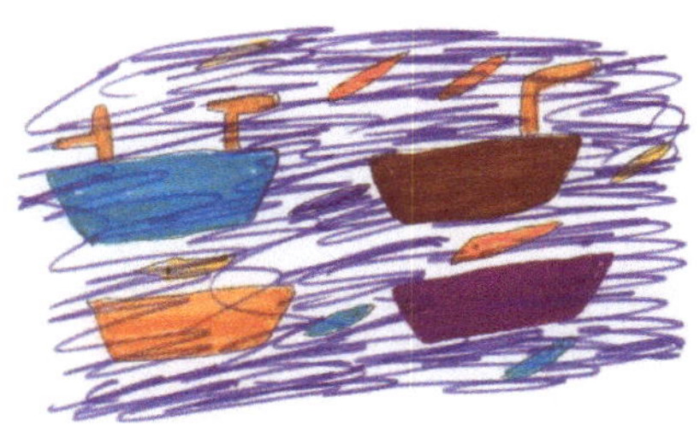

*Gefährliche Wracks und versenkte Kriegschiffe aus dem
zweiten Weltkrieg bedrohen mit ihrer alten Ölladung die
Küsten des Pazifik. Ca. 1080 Tanker, Zerstörer auch
Flugzeugträger, die auf dem Meeresgrund verrotten.*
Gülle auf den Feldern: Verseuchung des Grundwassers.
Gefahr für Mensch und Tier.
*Einwegbeutel und Plastiktüten: Gefahr für Mensch und Tier.
Fast 200 umweltschädliche Plastiktüten verbraucht der
durchschnittliche EU-Bürger pro Jahr.*
Die Folgen der großen Verschwendung.
*Mehr als ein Viertel des weltweiten Ackerlandes wird genutzt,
um Nahrung zu produzieren, die nie gegessen wird. Das ist
nicht nur ein moralischer Skandal, sondern führt laut einem
neuen UN-Bericht auch zu gigantischen Umweltschäden und
Wirtschaftseinbußen. Jedes Jahr landen weltweit etwa 1,3
Milliarden Tonnen Lebensmittel auf dem Müll. Diese massive
Verschwendung sorgt nach einem Bericht der Vereinten*

Die Eltern wissen nicht was sie ihren Kindern immer wieder
antun. Von einer Generation zur anderen. Wieviel Erde
brauchen unsere Kinder, Enkelkinder und Tiere?
Ich klage an.

*Nationen nicht nur für enorme Wirtschaftseinbußen, sondern
richtet auch riesige Umweltschäden an.*

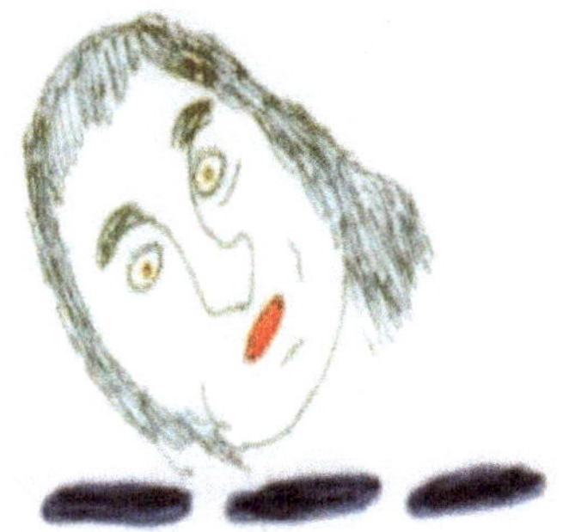

*Gott: „Was ist denn da passiert?
Adam du solltet die Welt untertan machen, und dich davon
ernähren, doch nicht ausbeuten. Du hast in deiner Gier nicht
richtig zugehört. Jetzt muss ich wieder von vorne anfangen.
Müsst ihr Menschen denn alles kaputt machen?
Egal was man euch gibt?*

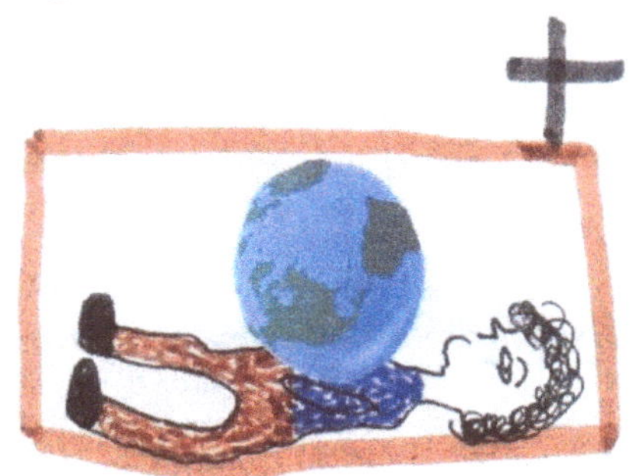

Die Eltern wissen nicht was sie ihren Kindern immer wieder
antun. Von einer Generation zur anderen. Wieviel Erde
brauchen unsere Kinder, Enkelkinder und Tiere?
Ich klage an.

Ihr seid doch nur Besucher auf diesem Planet Erde.“

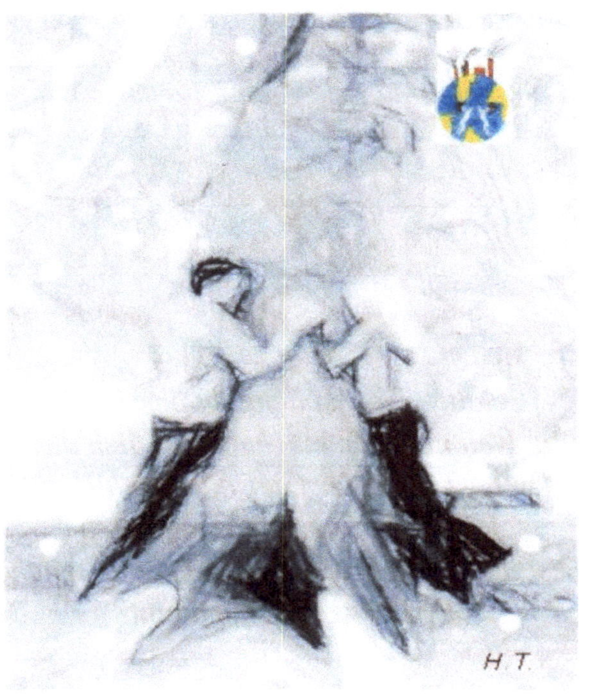

*Ist es nicht schön zu zweit den Planet Erde zu bewundern?
Ihn zu umarmen und seine Wärme spüren. Ihn pflegen, weil er
unser Zuhause ist und er ist die Zukunft unserer Kinder. Alle
Eltern dieser Erde haben eine Verantwortung für diesen
schönen Planeten.*

Die Eltern wissen nicht was sie ihren Kindern immer wieder
antun. Von einer Generation zur anderen. Wieviel Erde
brauchen unsere Kinder, Enkelkinder und Tiere?
Ich klage an.

Nur Eltern können etwas ändern, weil sie ihre Kinder lieben.
Der Planet Erde ist unser Zuhause.
Er sucht Freunde.
Elfon: „Vater, sie haben einen Gott, wer ist das? Er hat ihnen
den ganzen Planet Erde geschenkt? Uns Tieren hat er nichts
geschenkt? Was ist das für ein Gott der solchen Wesen einen
ganzen Planet Erde schenkt? Nun haben sie fast den ganzen
Planet Erde zerstört, und sie quälen uns Tiere immer noch
weiter." Vater: „Ach Junge, das ist schwer zu verstehen.
Ihr Gott soll da oben irgendwo über den Wolken sein.
Als er merkte, dass die Menschen den Planeten Erde anfingen
zu zerstören, da hat er seinen Sohn zum Planet Erde geschickt.
Er sollte die Menschen auf den richtigen Weg führen. Gottes
Sohn wurde auf dem Planet Erde geboren. Ein heiliger Geist
hat eine Frau befruchtet." Elfon: „Vater, was ist das ein
heiliger Geist? Man wird also geboren ohne Vater?" Vater:
„Junge das ist doch nur einmal vorgekommen, dass eine Frau
von einem heiligen Geist geschwängert wurde." Elfon: „Vater,
dann seid ihr Männer ja übrig." Vater: „Junge, ich weiß nicht
wie ich dir das erklären soll, nehme es so hin wie es ist.
Also sie nannten Gottes Sohn Jesus. Als er groß war, wollte er
die Menschen bekehren. Die Menschen sollten gutes tun und
alles teilen und sich vertragen, da jeder Mensch das gleiche
Recht auf diesem Planet Erde hat. Einigen Priestern gefiel das
nicht. Wenn sich alle Menschen vertragen, nein das dürfte
nicht sein. Das wäre doch langweilig und Gleichmacherei. Das
durfte nicht sein. Sie ließen Jesus gefangen nehmen.

Die Eltern wissen nicht was sie ihren Kindern immer wieder
antun. Von einer Generation zur anderen. Wieviel Erde
brauchen unsere Kinder, Enkelkinder und Tiere?
Ich klage an.

*Sie setzten ihm eine Dornenkrone auf den Kopf, so dass das
Blut ihm das Gesicht herunter lief. Aber das war noch nicht
genug. Sie schlugen seine Hände und Füße mit dicken Nägeln
an ein Kreuz. Als er tot war nahmen sie ihn vom Kreuz und
bahrten ihn in einer Halle auf. Nachts kamen seine Eltern und
holten den toten Körper aus der Halle. Jesus stand wieder von
den Toten auf. Dann flog er eines Tages zu seinem Vater hoch
über den Wolken. Elfon, warum unterbrichts du mich schon
wieder?" Elfon: „Was erzählst du da, er steht von den Toten
auf und fliegt zu seinem Vater über den Wolken. Willst du mir
einen Bären aufbinden?" Vater: „Junge frag doch nicht immer,
sondern glaube es einfach. Die Zweifüßler tun das auch. Wir
müssen nicht alles verstehen was die Zweifüßler machen. Alle
Jahre wieder feiern sie zu Weihnachten Jesus Geburt.
Karfreitag setzen sie Jesus wieder die Dornenkrone auf den
Kopf und nageln ihn wieder ans Kreuz. Den Sonntag darauf
feiern sie wieder Ostern. Pfingsten fliegt Jesus wieder über den
Wolken zu seinem Vater. Sie sind ganz verrückt darauf. Sie
feiern das jetzt schon über zweitausend von Jahren. Junge frag
mich jetzt nicht, nehme es so wie es ist. Ja, du schüttelst mit
dem Kopf. Junge sie gucken jeden Abend Fernsehen. Da gibt
es Mord und Totschlag. Kleine Kinder
dürfen schon Videofilme gucken. Da wird ihnen gezeigt wie
man töten
kann. Das ist ganz normal, bei den Zweifüßlern. Aber lass uns
wieder zu den Eltern zurück gehen. Also die Eltern haben sich
von den Bildern ihrer Kinder nicht beeindrucken lassen.*

Die Eltern wissen nicht was sie ihren Kindern immer wieder
antun. Von einer Generation zur anderen. Wieviel Erde
brauchen unsere Kinder, Enkelkinder und Tiere?
Ich klage an.

Sie lebten in Saus und Braus weiter.
Nach einigen Generationen kamen neue Kinder. Sie sahen,
dass der Planet
Erde noch immer keine Freunde gefunden hatte. Die Eltern
wollten noch
immer nicht ihr Leben ändern.
Geschichte.
Sie: „Fabian mein Liebling erinnere dich an mich, dann bist
du nicht mehr so alleine. Weißt du noch wie eifersüchtig wir
aufeinander waren, als jeder alleine auf die Toilette ging." Er:
„Ja Liebling, ich erinnere mich. Jeder dachte, jeder würde
etwas machen was der andere nicht wissen darf." Unsere
Stimmen wurden richtig böse. Ja, die Eifersucht machte sie
böse. Aber wir hatten unsere Stimmen schnell wieder im Griff.
Wir kamen überein, dass wir alles zusammen machen
könnten." Ich baute noch eine Toilette ins Bad, so hatte jeder
seine Toilette und wir konnten zusammen drauf gehen; so
waren wir nicht so alleine. Wir brauchten unsere Nähe, alleine
zu sein war verlorene Zeit für unsere Liebe. Ach Liebling, ich
fühle mich so alleine ohne dich. Die Einsamkeit tut so weh
mein Liebling, warum musstest du von mir gehen?" Sie:
„Fabian mein Liebling, sei nicht traurig in Gedanken bin ich
doch bei dir, du musst dich nur erinnern mein Liebling. Ich
wurde krank und kam ins Krankenhaus." Er: „Ja Liebling, ich
erinnere mich. Ich besuchte dich im Krankenhaus. Du lagst da
im Bett, die Augen geschlossen, ich hatte Angst um dich und
weinte. Ich beugte mich über dich und wollte dir einen Kuss

Die Eltern wissen nicht was sie ihren Kindern immer wieder
antun. Von einer Generation zur anderen. Wieviel Erde
brauchen unsere Kinder, Enkelkinder und Tiere?
Ich klage an.

*geben, eine Träne von mir fiel auf dein Gesicht und du
wachtest auf. Du sahst mich mit großen Augen an, lächeltest
und sagtest: „Liebling du brauchst keine Angst mehr haben um
mich, mir geht es schon wieder besser. Ich hatte nur eine
Magenverstimmung." Er: „Ich nahm das Taschentuch aus
meiner Hosentasche und putzte mir die Tränen aus dem
Gesicht. Ich gab dir einen Kuss auf den Mund. Ach mein
Liebling, deine Lippen waren so angenehm, sie machten mich
so glücklich. Nach einer Woche holte ich dich aus dem
Krankenhaus ab. Ich war so glücklich, dass du endlich wieder
zu Hause warst. Ohne dich war es so einsam mein Liebling.
Ich vermisse dich so sehr." Sie: „Mein Liebling, du darfst nicht
weinen um mich, ich vermisse deine körperliche Liebe auch,
aber in Gedanken sind wir zusammen mein Liebling. Wir
hatten doch eine schöne Zeit, du musst dich nur erinnern, dann
bist du nicht mehr so alleine." Er: „Ja mein Liebling, ich
erinnere mich. Es war Karneval, wir verkleideten uns. Ich
ging als Prinz und du als Prinzessin. In deinem langen blauen
Kleid sahst du so schön aus. Ich war so richtig stolz auf dich.
Alle Männer guckten mich neidisch an. Wir tanzten die ganze
Nacht. Es war so schön deinen Körper zu spüren, den ich heute
sehr vermisse mein Liebling." Sie: „Mein Liebling, ich
vermisse dich auch, weißt du noch wir fuhren mit dem Auto in
den Urlaub." Er: „Mein Liebling, ja ich erinnere mich. Wir
fuhren zur Ostsee, mieteten uns ein Haus am Strand und
machten eine Woche Urlaub. Wir gingen jeden Tag im Meer
schwimmen, es war so angenehm. Ja wir fühlten uns so frei.*

Die Eltern wissen nicht was sie ihren Kindern immer wieder
antun. Von einer Generation zur anderen. Wieviel Erde
brauchen unsere Kinder, Enkelkinder und Tiere?
Ich klage an.

*Das Meer war so groß, die Meeresbewohner hatten nichts
dagegen, dass wir ihr Reich durchschwammen. Sie hatten nicht
überall Zäune und Grenzen gezogen. Wie wir Menschen! Sie
kannten auch keinen Rassenhass. Alle Fische lebten glücklich
miteinander. Jeder konnte durch diese riesige Welt schwimmen
wie er wollte. Ja Liebling, es war so schön mit dir zu
schwimmen. Zwischendurch küssten wir uns. Am Strand
bewarfen wir uns mit dem nassen Sand.Wir freuten uns wie die
kleinen Kinder. Dann schwammen wir wieder um unsere
Körper sauber zu machen. Wir legten uns am Strand in die
Sonne. Wir rieben uns gegenseitig mit Sonnencreme ein. Es
war so angenehm deine zarten Hände auf meiner Haut zu
spüren, mein Liebling. Alina mein Liebling, ich vermisse dich
so sehr, ohne dich bin ich so alleine. Meine Sehnsucht nach dir
brennt wie Feuer, ich liebe dich so sehr." Sie: „Fabian mein
Liebling, es war eine schöne Zeit als wir beide noch zusammen
waren. Aber jede Zeit geht mal zu Ende. Mein Liebling
erinnere dich an mich, ich bin doch in deinen Gedanken und
ich liebe dich auch." Er: „Alina mein Liebling, ich erinnere
mich. Ach Liebling, es ist so schwer ohne dich zu leben. Es
zerreist mir jeden Tag das Herz. Meine Sehnsucht nach dir
brennt wie Feuer. Ich schaue jede Nacht hoch ins All, in der
Hoffnung, unseren Planeten zu sehen. Mein Leben wird jeden
Tag müder." Sie: „Ach Fabian mein Liebling, sei doch nicht so
traurig. In Gedanken bin ich doch bei dir. Wir hatten doch eine
schöne Zeit zusammen. Mein Liebling, ich fühle wir werden
bald wieder zusammen sein. Bitte tanze noch einmal mit mir,*

Die Eltern wissen nicht was sie ihren Kindern immer wieder
antun. Von einer Generation zur anderen. Wieviel Erde
brauchen unsere Kinder, Enkelkinder und Tiere?
Ich klage an.

*dann sind wir für immer zusammen mein Liebling. " Er: „Alina
mein Liebling, wie soll das gehen, ich bin doch alleine. " Sie:
„Aber Liebling, ich bin doch in deinen Gedanken. " Er: „Ja
mein Liebling, du hast recht, ich werde mit deinen Gedanken
tanzen. " Er fing an zu tanzen und träumte von der glücklichen
Zeit mit Alina: „Ach Liebling, es ist schön dich zu spüren.
Deine Küsse waren so schön und deine körperliche Wärme die
wärmte mich jede Nacht. Ach Liebling, ich bin ja so glücklich
wieder bei dir zu sein. " Sie: „Mein Liebling, es ist so schön
mit dir zu tanzen. Dieser Tanz darf nie zu Ende gehen. " Er:
„Alina mein Liebling, wir beide sind unzertrennlich, unsere
Liebe bindet uns für ewig. " Sie: „Ja mein Liebling es ist so
schön mit dir zu tanzen, es macht mich so glücklich. Ach mein
Liebling, erinnere dich doch es war so schön mit dir immer
wieder die vier Jahreszeiten zu erleben. " Er: „Ja Liebling, ich
erinnere mich. Der Frühling ist die Kindheit. Es werden viele
Blüten geboren. Eine Blüte ist schöner als die andere. Der
Frühling gibt uns die Kraft zu wachsen. Wir blühen jeden Tag
mehr auf, es ist eine glückliche Zeit. Überall dieser herrliche
Duft der Kindheit. Aber man hat sie nur einmal im Leben. Die
Blüte wird langsam zur Frucht. Das ist die Jugend. Die Frucht
gibt uns Kraft für die Liebe. Die Sehnsucht in uns erwacht. Wir
fangen an zu träumen. Ja, wir wollen nicht mehr alleine sein.
Wir gehen zum Tanzen, suchen uns einen Partner und verlieben
uns in ihn. Wir geloben uns ewige Treue und dass unsere Liebe
unzertrennlich ist. Wir bekommen Kinder und erleben noch
einmal den Frühling mit ihnen. Die Kinder werden langsam*

Die Eltern wissen nicht was sie ihren Kindern immer wieder antun. Von einer Generation zur anderen. Wieviel Erde brauchen unsere Kinder, Enkelkinder und Tiere?
Ich klage an.

groß, der Sommer geht zu Ende. Auch diese Zeit erlebt man nur einmal. Dann kommt der Herbst. Die Blätter leuchten in allen Farben. Es ist eine schöne Zeit. Wir sind Erwachsen geworden und erleben diese schöne Zeit. Unsere Kinder bekommen wieder Kinder. Ja wir werden Großeltern. Auch diese Zeit erlebt man nur einmal. Dann kommt der Winter. Es ist eine kalte Zeit, aber auch eine schöne Zeit. Überall schneit es. Der Planet ist auf einmal weiß. Die Natur fängt an zu schlafen und sammelt Kräfte für die nächsten vier Jahreszeiten. Dann beginnt für uns das Alter. Wir sind auf einmal alleine, unsere Kinder haben nun selber eine Familie. Aber auch das Alter ist eine schöne Zeit. Man hat nun viel Zeit füreinander. Wir haben Enkelkinder und erleben mit ihnen noch mal den Frühling, Sommer, Herbst und Winter. Auch diese Zeit kann man nur einmal erleben. Alina mein Liebling, ich werde langsam müde. Ich glaube dieser Tanz geht langsam zu Ende." Sie: „Ja mein Liebling dieser Tanz geht zu Ende. Ich nehme dich jetzt mit." Nun waren beide wieder auf ihren Planeten. Sie: „Fabian mein Liebling, jetzt sind wir wieder zusammen ohne Körper." Er: „Ja mein Liebling, ich freue mich auch. Es war eine schöne Zeit mit dir auf dem Planet Erde, aber mein Liebling, einmal reicht es. Die Menschen sind zu grausam, sie führen Krieg, sie vergiften die Umwelt, sie haben es geschafft, die Planetoberfläche zu vernichten." Sie: „Mein Liebling, so wie die Menschen jetzt leben müssen, das ist nichts für uns, aber wir haben ja die Erinnerung von unserer Liebe."

136

Herstellung und Verlag:
BoD – Books on Demand, Norderstedt
ISBN: 978-3-7519-5807-3